GUIA
SCRUM 3-5-3

DESVENDE O SCRUM SEM COMPLICAÇÕES

SÉRIE
DESCOMPLICA 1

ISBN: **978-65-00-67311-1**

Título Original: Guia Scrum 3-5-3

Subtítulo: Desvende o Scrum sem complicações

Série: Descomplica

ID na Série: 1

Autor: Caio Cesar Ferreira

Capa: Ingrid Ferreira

Apoio:

<table>
<tr><td colspan="2" align="center">Contatos com o Autor</td></tr>
<tr><td align="right">Sites</td><td>www.caiocesarferreira.com.br
www.duettoprojetos.com.br</td></tr>
<tr><td align="right">Emails</td><td>caiocesar@duettoprojetos.com.br
caiocesarferreira@gmail.com</td></tr>
<tr><td align="right">Telefone</td><td>+55 21 99919-5392</td></tr>
<tr><td align="right">Skype</td><td>caiocesarferreira</td></tr>
<tr><td align="right">Facebook</td><td>http://www.facebook.com/caiocesarmf</td></tr>
<tr><td align="right">Twitter</td><td>https://twitter.com/caio_c_ferreira</td></tr>
<tr><td align="right">Linkedin</td><td>http://www.linkedin.com/in/caiocesarferreira/</td></tr>
<tr><td align="right">Instagram</td><td>https://www.instagram.com/caiocesarferreira.rj/</td></tr>
</table>

Agradecimentos

A minha esposa e filho pela compreensão e paciência, a meu pai, minha mãe (in memoriam), a todos os demais familiares, professores, colegas de trabalho e amigos que sempre acreditam e torcem por mim, em cada projeto ou iniciativa a que me proponho.

Sumário

Avisos Legais

PSM, PSM I, PSM II, PSM III, PSPO, PSPO I, PSD, SPS, Scrum Guide, Nexus Guide, Professional Scrum ™, Scrum Master Profissional, Profissional Scrum Product Owner, Scrum Open, etc. são marcas protegidas do Scrum.org (http://Scrum.org/).

SFC, SMC, SDC, SPOC, SBOK são marcas protegidas do Scrum Study (https://www.Scrumstudy.com/).

ASF, ASM são marcas protegidas do Exin (https://www.exin.com/)

PMI, PMP, PMP-ACP, PMBOK são marcas protegidas do Project Management Institute (https://brasil.pmi.org/)

CSM, A-CSM, CSPO, A-CSPO, CSD, CSP, CTC, CEC, CST, CSL são marcas protegidas da Scrum Alliance (https://www.Scrumalliance.org/)

Todo o conteúdo relacionado ao Scrum Guide (Guia Scrum) foi retirado do Scrumguides.org (http://Scrumguides.org/) e está sob a licença Attribution ShareAlike da Creative Commons.

1 INTRODUÇÃO

1.1 Objetivo da Série - Descomplica

O objetivo primário da série **DESCOMPLICA**, que se inicia com este livro **Scrum 3-5-3**, é fornecer informações básicas, essenciais e relevantes sobre diversos temas, sem se restringir a uma única área do conhecimento. Nos próximos livros, continuarei selecionando cuidadosamente os assuntos a serem abordados, buscando apresentar o essencial de cada tema de maneira clara e objetiva.

A proposta da série é <u>descomplicar</u> e esclarecer o leitor, oferecendo um panorama geral de cada assunto para despertar o interesse e incentivar a busca por aprofundamento em outras fontes de informação. Em um mundo repleto de informações, a série **DESCOMPLICA** tem como objetivo atender à demanda da sociedade atual por informações confiáveis e relevantes sobre assuntos diversos.

Ao disponibilizar conteúdo conciso e acessível, a série pode ser útil para estudantes, profissionais e todos que desejam se iniciar em determinado tema. Além disso, mesmo aqueles que possuem um conhecimento mais aprofundado podem se beneficiar de uma revisão das informações essenciais.

Acredito que ao oferecer informações relevantes e claras, contribuo para o desenvolvimento da sociedade como um todo, permitindo que mais pessoas tenham acesso a informações importantes para tomadas de decisão mais assertivas. A série **DESCOMPLICA** se tornará uma ferramenta valiosa para quem busca conhecimento prático e útil.

Ainda não decidi quais serão os próximos temas a serem abordados na série, por isso, fico aberto a sugestões. Juntos, vamos <u>descomplicar</u> o conhecimento e expandir nossos horizontes.

1.2 Objetivo do Livro

O objetivo deste livro é apresentar o Scrum de forma clara e descomplicada, apresentando seus elementos essenciais: os 3 papéis, 5 eventos e 3 artefatos oficiais.

A ideia é fornecer ao leitor uma compreensão básica e sólida do Scrum, sem sobrecarregá-lo com informações desnecessárias ou complexas. Despertando o interesse do leitor em buscar mais informações e aprofundamento posterior no tema em outras fontes.

Este livro foi escrito com o propósito de servir como um guia prático para qualquer pessoa interessada em aprender o essencial sobre Scrum, desde estudantes, a profissionais iniciantes e até profissionais experientes. Para alcançar esse objetivo, o livro é organizado de maneira simples e didática, seguindo uma sequência lógica e fácil de seguir.

Os capítulos são projetados para apresentar cada elemento do Scrum de forma independente, permitindo que o leitor entenda e se familiarize com cada aspecto antes de prosseguir para o próximo. Cada capítulo contém exemplos e ilustrações práticas para ajudar o leitor a entender e aplicar o conhecimento aprendido.

Este livro não tem a pretensão de ser uma referência definitiva sobre o Scrum, mas sim uma introdução clara e acessível aos seus conceitos fundamentais. Com isso em mente, espero que os leitores adquiram uma compreensão sólida do Scrum e possam aplicar seus conceitos em suas próprias práticas de gerenciamento de projetos.

Mais à frente, ainda neste capítulo detalho como estão estruturados cada um dos capítulos.

1.3 Pré-Requisitos

Para uma melhor leitura e compreensão deste livro, não é necessário possuir nenhum pré-requisito específico. O objetivo principal deste livro, assim como de toda a série, é apresentar o tema de forma clara e objetiva, tornando-o mais acessível e fácil de compreender.

No entanto, se o leitor possuir alguma experiência nas áreas de projetos e/ou tecnologia da informação (TI), mais especificamente nas subáreas de gerenciamento de projetos, análise de sistemas, desenvolvimento e manutenção de sistemas e softwares, mesmo que seja apenas como usuário de sistemas, pode se sentir mais confortável durante a leitura.

Além disso, estudantes e profissionais de TI não terão dificuldade em compreender as nomenclaturas e termos apresentados ao longo do livro.

1.4 Público-Alvo

Este livro e a série em si são destinados a todas as pessoas que desejam aprender os conceitos básicos, essenciais e relevantes que fundamentam o framework Scrum. Eles são especialmente indicados para aqueles que possuem curiosidade e sede de conhecimento, como estudantes e profissionais de todas as áreas, em diferentes níveis hierárquicos e senioridades.

Não há um público-alvo específico para a leitura e compreensão do conteúdo apresentado neste livro. Todos os interessados em aprender mais sobre o Scrum são bem-vindos a desfrutar da leitura e absorver os conceitos apresentados de forma clara e concisa.

1.5 Metodologia

Este livro utiliza como principal fonte de consulta meios eletrônicos, além de bibliografias de livros especializados no assunto. A pesquisa e consulta são classificadas como exploratórias, buscando fontes confiáveis, como livros e meios eletrônicos idôneos, bem como as experiências do autor com o tema.

O livro apresenta uma revisão literária acerca do tema, explorando teorias, conceitos essenciais e fundamentos do framework Scrum, com o objetivo de descomplicar e facilitar a compreensão do leitor.

Mantendo sempre o principal foco e objeto motivador da existência deste livro: elucidar e apresentar ao leitor o básico, o essencial e o relevante sobre o framework Scrum.

1.6 Conteúdo dos Capítulos

O primeiro capítulo apresenta uma visão geral dos objetivos da série, seguido pela apresentação dos objetivos específicos desta publicação. Além disso, abordamos o público-alvo e a metodologia aplicada na elaboração deste trabalho e fornecemos uma descrição detalhada do conteúdo de cada um dos capítulos.

No segundo capítulo, apresento o Manifesto Ágil, abordando sua história, autores e aprofundando seus valores e princípios. O leitor terá a oportunidade de compreender a importância desse manifesto para a gestão de projetos e para a cultura ágil, incluindo é claro o framework Scrum.

O terceiro capítulo é fundamental para a compreensão do Scrum. Nele, apresentamos definições e curiosidades sobre essa metodologia, além de uma ilustração que demonstra todo o processo completo do Scrum. Em seguida, abordamos o Scrum Guide 2020, detalhando seus Pilares e Valores. Por fim, explicamos o conceito que dá nome a esta publicação: Scrum 3-5-3.

No quarto capítulo, começamos a explorar os objetivos deste livro, abordando o número 3 do conceito Scrum 3-5-3. Neste capítulo, é apresentado o que considero ser essencial sobre os três papéis existentes no Scrum.

No quinto capítulo, seguimos explorando os objetivos principais deste livro e abordando o número 5 do conceito Scrum 3-5-3. Neste capítulo, discutimos o essencial para compreender os cinco eventos ou cerimônias do Scrum.

No sexto capítulo, finalizamos os objetivos desta publicação. Neste capítulo, abordamos o segundo número 3 do conceito Scrum 3-5-3, explorando as informações essenciais sobre os três únicos artefatos oficiais do Scrum.

Ao chegar neste ponto, o conceito Scrum 3-5-3 já foi completamente ilustrado dentro dos objetivos desta publicação.

No último capítulo, apresento de forma sucinta alguns conceitos, ferramentas e atividades interessantes e relevantes para o Scrum. É importante destacar que, embora sejam insumos frequentemente utilizados no Scrum, eles não são oficiais e não fazem parte do framework Scrum. Durante todo o capítulo, enfatizo essa distinção para evitar confusão entre as práticas oficiais do Scrum e outras práticas que podem ser úteis em determinados contextos.

O livro se encerra com informações sobre o autor, outras obras, referências bibliográficas e diversos apêndices úteis para quem deseja se aprofundar no tema. Esses recursos adicionais complementam o conteúdo principal do livro, oferecendo aos leitores uma ampla gama de recursos para aprimorar seus conhecimentos sobre o Scrum.

BOA LEITURA

"A coisa mais indispensável a um homem é reconhecer o uso que deve fazer do seu próprio conhecimento."
Platão – Filósofo Grego

2 MANIFESTO ÁGIL

2.1 Nascimento do Manifesto

Na primavera norte-americana de 2000, líderes da comunidade de Extreme Programming (XP) se reuniram para discutir as práticas do XP e sua relação com outros métodos que, até então, eram chamados de Métodos Leves, tais como SCRUM, DSDM, Crystal, Feature-Driven Development, entre outros. Esses Métodos Leves eram considerados uma alternativa mais ágil e menos burocrática aos então denominados métodos pesados (metodologias tradicionais) que eram comuns na época.

Durante a discussão, foi identificado que XP e os Métodos Leves compartilhavam muitos princípios e abordagens em comum. Foi a partir dessa constatação que Robert Cecil Martin, conhecido como Tio Bob, decidiu criar um encontro para reunir pessoas interessadas em Métodos Leves.

Embora muitas pessoas tenham sido contatadas, apenas 17 estavam presentes em fevereiro de 2001, em um resort de ski nas montanhas nevadas de Utah. Durante essa reunião, houve um grande consenso sobre como deveriam ser os métodos de desenvolvimento de software, e esses princípios foram registrados no que ficou conhecido como o Manifesto Ágil do desenvolvimento de software.

Em suma, a reunião de 2000 serviu como um catalisador para o surgimento do Manifesto Ágil, o qual se tornou uma referência para muitas equipes de desenvolvimento de software em todo o mundo, encorajando-as a adotar uma abordagem mais flexível e adaptativa ao desenvolvimento de software.

Figura 1 - Reunião em Snowbird – Utah

2.2 Os Autores

Cada um dos dezessete autores do Manifesto Ágil assinou e se comprometeu a seguir e disseminar os valores e princípios descritos no manifesto, que foram considerados uma nova abordagem para o desenvolvimento de software na época.

Além disso, os autores continuaram a contribuir ativamente para a disseminação e evolução dos métodos e frameworks ágeis em suas respectivas áreas de atuação.

Alistair Cockburn - Consultor em métodos de desenvolvimento de software.

Andrew Hunt - Autor e consultor em engenharia de software.

Arie van Bennekum - Consultor em gerenciamento de projetos.

Brian Marick - Consultor em desenvolvimento de software e testes.

Dave Thomas - Autor e consultor em engenharia de software.

James Grenning - Consultor em desenvolvimento de software ágil.

Jim Highsmith - Consultor em gestão de projetos e métodos ágeis.

Jeff Sutherland - Consultor em gestão de projetos e co-criador do Scrum.

Jon Kern - Consultor em desenvolvimento de software e co-criador do XP.

Kent Beck - Desenvolvedor de software e criador do Extreme Programming (XP).

Ken Schwaber - Consultor em gestão de projetos e co-criador do Scrum.

Martin Fowler - Autor e consultor em engenharia de software.

Mike Beedle - Consultor em tecnologia da informação.

Robert C. Martin - Consultor em engenharia de software e autor de livros técnicos.

Ron Jeffries - Consultor em desenvolvimento de software ágil e co-criador do XP.

Steve Mellor - Consultor em métodos de desenvolvimento de software.

Ward Cunningham - Criador do conceito de Wiki e desenvolvedor de software.

Figura 2 - Autores Manifesto Ágil

2.3 O Manifesto

"Estamos descobrindo maneiras melhores de desenvolver softwares, fazendo-o nós mesmos e ajudando outros a fazerem o mesmo. Através deste trabalho, passamos a valorizar:

Indivíduos e interações mais que processos e ferramentas
Software em funcionamento mais que documentação abrangente
Colaboração com o cliente mais que negociação de contratos
Responder a mudanças mais que seguir um plano

Ou seja, mesmo havendo valor nos itens à direita, valorizamos mais os itens à esquerda."

Figura 3 - Guarda-Chuva Ágil

2.3.1 Os Valores Ágeis

- **Indivíduos e interações mais que processos e ferramentas**

Devemos entender que o desenvolvimento de software é uma atividade humana e que a qualidade da interação entre as pessoas pode resolver problemas crônicos de comunicação. Processos e Ferramentas são importantes, mas devem ser simples e uteis.

- **Software em funcionamento mais que documentação abrangente**

O maior indicador de que sua equipe realmente construiu algo é software funcionando. Clientes querem é resultado e isso pode ser medido com software funcionando. Documentação também é importante, mas que seja somente o necessário e que agregue valor.

- **Colaboração com o cliente mais que negociação de contratos**

Devemos atuar em conjunto com o cliente e não "contra" ele ou ele "contra" a gente. O que deve acontecer é colaboração, tomada de decisões em conjunto e trabalho em equipe, fazendo que todos sejam um só em busca de um objetivo.

- **Responder a mudanças mais que seguir um plano**

Desenvolver softwares e produtos é um ambiente de alta incerteza e por isso não podemos nos debruçar em planos enormes e cheio de premissas. O que deve ser feito é aprender com as informações e feedbacks e adaptar o plano a todo momento.

2.3.2 Os 12 Princípios Ágeis

Os 12 princípios a seguir foram forjados com base nos 4 valores ágeis que vimos anteriormente.

1. **Nossa maior prioridade é satisfazer o cliente, através da entrega adiantada e contínua de software de valor.**

   Este princípio se opõe a seguir um plano detalhadamente, priorizando e buscando a cada momento o que realmente trará valor ao cliente, para lhe entregar o mais breve possível.

2. **Aceitar mudanças de requisitos, mesmo no fim do desenvolvimento. Processos ágeis se adequam a mudanças, para que o cliente possa tirar vantagens competitivas.**

   Este princípio se opõe a tratar o desenvolvimento de um produto como algo fixo, ou mesmo previsível, onde mudanças são consideradas ruins, catastróficas e/ou custosas. O princípio indica cada mudança em qualquer fase do desenvolvimento como natural e necessária para melhor atender as necessidades do cliente.

3. Entregar software funcionando com frequência, na escala de semanas até meses, com preferência aos períodos mais curtos.

Este princípio se opõe fortemente a uma única entrega ao fim do desenvolvimento. Com base em entregas contínuas os clientes dentre demais outras vantagens conseguem verificar que seu investimento está tendo retorno desde as primeiras fases do projeto.

4. Pessoas relacionadas à negócios e desenvolvedores devem trabalhar em conjunto e diariamente, durante todo o curso do projeto.

Este princípio se opõe, como comum no modelo cascata, onde analistas e/ou as pessoas de negócio, incluindo muitas vezes o próprio cliente estão distantes dos Developers, muitas vezes parecendo estar em lados opostos. O princípio ilustra que todos devem estar em busca de um único objetivo, gerar valor ao cliente.

5. Construir projetos ao redor de indivíduos motivados. Dando a eles o ambiente e suporte necessário, e confiar que farão seu trabalho.

Este princípio se opõe, a lenda que o produto é desenvolvido pelos melhores processos e pelas melhores ferramentas do mercado, se contrapondo as pessoas. Na verdade, todo produto tem como principal construtor as pessoas envolvidas no desenvolvimento dele.

6. O Método mais eficiente e eficaz de transmitir informações para, e por dentro de um time de developers, é através de uma conversa cara a cara.

Este princípio se opõe. A burocracia desnecessária, com o grande acúmulo de documentação, e-mails, telefonemas e outros. Indicando que a melhor forma de comunicação entre um time, é o cara-a-cara, mesmo em equipes distribuídas geograficamente, podemos utilizar as tecnologias disponíveis para manter este tipo de comunicação efetiva e ativa.

7. Software funcional é a medida primária de progresso.

Este princípio se opõe, a geração de documentação extensa, artefatos desnecessários, protótipos não utilizáveis, como forma de entender o andamento do projeto. O princípio ilustra e entende que a melhor forma de avaliarmos o andamento do projeto são com as estregas contínuas com qualidade.

8. Processos ágeis promovem um ambiente sustentável. Os patrocinadores, desenvolvedores e usuários, devem ser capazes de manter indefinidamente, passos constantes.

Este princípio se opõe, a prática de horas extras, trabalhos de fim de semana, correria para entregas, para cumprir prazos muitas vezes impossíveis. O princípio prega a manutenção contínua de um ritmo de trabalho sustentável para todos os envolvidos,

9. Contínua atenção à excelência técnica e bom design, aumenta a agilidade.

Este princípio se opõe, a crença que para se ter velocidade e "agilidade" devemos sempre sacrificar a qualidade. A qualidade e a excelência técnica na produção do produto ou projeto são vitais, para permitir que ele seja facilmente modificado, e consequentemente como o Scrum sugere termos a mudança como algo natural.

10. Simplicidade: a arte de maximizar a quantidade de trabalho que não precisou ser feito.

Este princípio se opõe, ao desperdício de trabalho, em funções que o cliente nunca irá utilizar. Devemos sempre simplificar, não existe motivos para utilização de soluções desnecessariamente complexas.

11. As melhores arquiteturas, requisitos e designs emergem de times auto organizáveis.

Este princípio se opõe, a criação de diversos papeis e níveis hierárquicos, dificultando e burocratizando o desenvolvimento do produto ou projeto. As equipes devem possuir total autonomia e serem autogerenciáveis.

12. Em intervalos regulares, o time reflete em como ficar mais efetivo, então, se ajustam e otimizam seu comportamento de acordo.

Este princípio se opõe, a uma única entrega sem inspeção periódica do trabalho realizado. Com a realização de entregas contínuas e em intervalos regulares, as equipes autogerenciáveis, e com total autonomia se reúnem para inspecionar e realizar pequenos ajustes na forma de conduzir o desenvolvimento.

Figura 4 - Princípios Ágeis

3 SCRUM

3.1 Definições Importantes & Curiosidades

3.1.1 Origem do Nome Scrum

O nome "Scrum" tem sua origem na jogada de Rugby, um esporte que envolve muito contato físico e onde os jogadores colocam seus corpos em risco para proteger seus companheiros de equipe.

Na publicação "The New Product Development Game", os autores Hirotaka Takeuchi e Ikujiro Nonaka usaram o Rugby como analogia para descrever a importância de equipes unidas e colaborativas na resolução de problemas complexos. Portanto, o termo "Scrum" não é uma sigla e não precisa ser escrito em caixa alta.

3.1.2 Definição de Scrum – Framework ou Metodologia?

"Scrum é um framework leve que ajuda pessoas, times e organizações a gerar valor por meio de soluções adaptativas para problemas complexos."
(Guia Scrum 2020 – Scrum.Org)

Uma dúvida comum em relação ao Scrum é se ele é uma metodologia ou um framework. No entanto, seus criadores foram claros em relação a isso no Scrum Guide 2020:

"Scrum é um framework estrutural que está sendo usado para gerenciar o trabalho em produtos complexos desde o início de

1990. Scrum não é um processo, técnica ou um método definitivo. Em vez disso, é um framework dentro do qual você pode empregar vários processos ou técnicas. ..."
(Guia Scrum – Scrum.Org)

Complementando a definição dos seus criadores, podemos acrescentar:

O Scrum é um framework para desenvolvimento e entrega de produtos complexos. Isso significa que o Scrum é um conjunto de práticas, papéis, eventos e artefatos que podem ser adaptados para atender às necessidades específicas de cada equipe e projeto. Diferente de uma metodologia, o Scrum não possui um conjunto prescrito de processos ou etapas rígidas a serem seguidas.

3.2 Processo Scrum – Resumido

O Scrum é um processo que utiliza ciclos iterativos e incrementais chamados de Sprints para desenvolver e entregar produtos complexos. Cada Sprint começa com uma Reunião de Planejamento do Sprint, na qual os membros da equipe se reúnem com o Product Owner para definir o objetivo do Sprint e selecionar as atividades a serem realizadas.

Durante o Sprint, a equipe trabalha diariamente para atingir o objetivo definido. Eles realizam uma Reunião Diária do Scrum para sincronizar o trabalho e discutir o progresso.
Ao final do Sprint, a equipe realiza uma Revisão do Sprint para apresentar o incremento de produto concluído e receber feedback do

Product Owner e de outras partes interessadas. A Retrospectiva do Sprint é a última cerimônia do ciclo, onde a equipe analisa o Sprint anterior e identifica melhorias para serem implementadas no próximo Sprint.

Esses ciclos continuam até que o produto esteja concluído ou a equipe decida que não é mais necessário continuar o desenvolvimento. O processo do Scrum é baseado em valores empíricos, inspeção e adaptação, e enfatiza a colaboração entre a equipe, o Product Owner e o Scrum Master para garantir que o produto esteja alinhado com as necessidades do negócio e dos usuários finais.

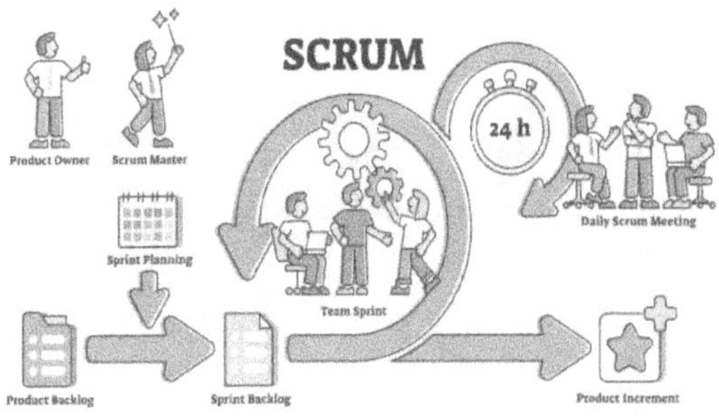

Figura 5 - Processo Scrum

3.3 O Scrum Guide

O Guia Scrum é um documento essencial para quem quer entender e aplicar o framework Scrum. Ele foi escrito, é mantido e apoiado pelos criadores do framework, Ken Schwaber e Jeff Sutherland, e está disponível gratuitamente em vários idiomas, incluindo o português brasileiro.

O guia fornece uma ampla definição do Scrum, incluindo seus papéis, eventos e artefatos, bem como as regras Scrum que integram todos esses elementos. Ele é leitura obrigatória, especialmente para aqueles que desejam passar na prova PSM I.

Ao ler e compreender o Guia Scrum, os membros da equipe Scrum e outros envolvidos no projeto podem entender como implementar o framework de forma eficaz e alcançar os resultados desejados.

O guia é atualizado periodicamente para garantir que o Scrum continue a ser um framework ágil, flexível e adaptável às mudanças e necessidades do mercado.

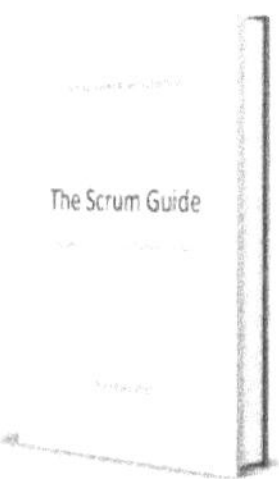

Figura 6- Scrum Guide 2020

3.4 Pilares do Scrum

O Scrum é um framework ágil que se baseia em processos empíricos para gerenciar projetos de forma flexível e adaptável. O framework é construído em torno de três pilares fundamentais que o sustentam: **transparência, inspeção e adaptação**.

A **transparência** é o primeiro pilar e envolve a disponibilidade de informações precisas e completas sobre o progresso do projeto para todas as partes interessadas. A transparência permite que a equipe Scrum e os stakeholders tomem decisões informadas e trabalhem juntos de forma colaborativa.

O segundo pilar é a **inspeção**, que se refere à avaliação regular e sistemática do progresso do projeto para identificar possíveis problemas e desvios em relação ao plano original. A inspeção é realizada por meio de revisões, retrospectivas e outras cerimônias do Scrum que permitem que a equipe Scrum avalie regularmente seu trabalho e faça ajustes necessários.

O terceiro pilar é a **adaptação**, que envolve a capacidade da equipe Scrum de se ajustar e responder rapidamente a mudanças no ambiente do projeto. Isso inclui ajustar o plano de trabalho, prioridades e tarefas para garantir que o projeto permaneça no caminho certo e alcance os objetivos desejados.

Figura 7 - Pilares do Scrum

3.5 Valores do Scrum

O Scrum é fundamentado em cinco valores essenciais: **comprometimento, coragem, foco, abertura e respeito.**

De forma extremamente resumida:

O **comprometimento** é a disposição da equipe em se dedicar ao trabalho necessário para alcançar os objetivos da sprint.

A **coragem** envolve a capacidade de enfrentar desafios e tomar decisões difíceis.

O **foco** significa manter-se concentrado nos objetivos e metas da sprint.

A **abertura** é a disposição de compartilhar informações e feedback de forma honesta e transparente.

E o **respeito** envolve valorizar as opiniões e habilidades dos membros da equipe e trabalhar de forma colaborativa.

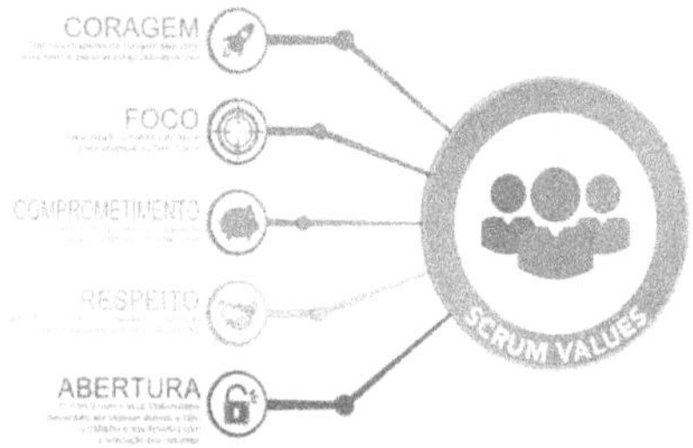

Figura 8 - Valores do Scrum

3.6 Scrum 3-5-3

O termo "Scrum 3-5-3", que dá nome a este livro, refere-se à estrutura básica do Scrum. Essa estrutura inclui três papéis, cinco eventos (também conhecidos como cerimônias) e três artefatos oficiais.

Os três papéis do Scrum são o Product Owner, o Scrum Master e os Developers.

Os cinco eventos ou cerimônias no Scrum são o Sprint, a Planning Meeting, a Daily Meeting, a Review Meeting e a Retrospective Meeting. Existem diversas variações de nomes para estas cerimônias.

Os três artefatos oficiais do Scrum são o Product Backlog, o Sprint Backlog e o Increment.

Nos próximos capítulos deste livro, aprofundaremos cada um desses elementos da estrutura básica do Scrum para ajudá-lo a entender como eles funcionam e como você pode aplicá-los em seus projetos.

Compreender a estrutura básica do Scrum é certamente um primeiro passo importante para começar a aplicar o framework em projetos. No entanto, é importante lembrar que a aplicação eficaz do Scrum requer muito mais do que apenas entender a estrutura básica.

É necessário um compromisso com os valores e princípios do Scrum, bem como a capacidade de adaptar o framework às necessidades específicas do projeto e da equipe. Também é importante ter a habilidade de liderar e colaborar em equipe, bem como a capacidade de avaliar continuamente o progresso do projeto e implementar melhorias.

Em resumo, entender a estrutura básica do Scrum (3-5-3) é apenas o primeiro passo para aplicá-lo com sucesso em um projeto. É importante investir tempo e recursos na compreensão completa do framework e na construção de uma equipe comprometida com os valores e princípios do Scrum para alcançar resultados bem-sucedidos.

4 Papéis do Scrum

No Scrum Team (Time Scrum), existem apenas e somente três papéis: o Product Owner, os Developers, e o Scrum Master. Esses três papéis trabalham juntos para garantir o sucesso do projeto e a entrega de um produto de alta qualidade.

O framework foi concebido com uma filosofia que impede a criação de novos papéis.

Além desses três papéis, também podemos citar os stakeholders, ou partes interessadas, que não são formalmente considerados papéis no Scrum, mas desempenham um papel importante no processo de desenvolvimento de produtos ágeis.

De acordo com o Scrum Guide 2020, um time ideal deve ter no máximo 10 membros, incluindo um Scrum Master e um Product Owner. Esse tamanho reduzido é considerado ótimo para facilitar a comunicação e garantir que todas as habilidades e competências necessárias para a conclusão do trabalho estejam presentes no time.

Com equipes de tamanho reduzido, a comunicação e a colaboração entre os membros são mais efetivas e o gerenciamento exige menos esforços e recursos. Esses são os principais objetivos de times nesse formato, que buscam maximizar a produtividade e a eficiência do trabalho em equipe.

4.1 Product Owner

Dono do Produto.

Também comumente chamado apenas de P.O.

4.1.1 O Product Owner no Scrum e suas Responsabilidades

O papel do Product Owner no Scrum é fundamental para o sucesso do projeto.

Ele é responsável por maximizar o valor do produto entregue pelo time. O Product Owner é a pessoa que define a visão do produto e a estratégia para alcançar essa visão. Ele é responsável por comunicar essa visão aos Desenvolvedores, garantindo que todos trabalhem juntos em direção a um objetivo comum. Ele também é responsável por representar os interesses do cliente ou do usuário final da solução a ser desenvolvida.

Além das responsabilidades já mencionadas, o Product Owner desempenha diversas outras funções importantes junto ao Time Scrum. A seguir, destaco as principais responsabilidades desse papel:

✓ **Definir o Product Backlog:** o Product Owner é responsável por criar e manter o Product Backlog, que resumidamente é uma lista de todas as funcionalidades, requisitos e melhorias que precisam ser implementadas na solução.

✓ **Priorizar o Product Backlog:** o Product Owner deve definir a ordem de prioridade das funcionalidades, de forma a garantir que as mais importantes sejam desenvolvidas primeiro.

✓ **Participar das cerimônias do Scrum:** o Product Owner deve participar ativamente das cerimônias do Scrum, como o Sprint Planning, o Sprint Review e o Sprint Retrospective, para garantir que o time esteja alinhado com as prioridades do negócio e do cliente.

✓ **Esclarecer dúvidas do time:** o Product Owner deve estar disponível para esclarecer dúvidas do time Scrum e para garantir que as funcionalidades definidas estejam claras e bem entendidas.

✓ **Aceitar ou rejeitar as entregas do time:** o Product Owner é responsável por aceitar ou rejeitar as entregas do time Scrum, com base nas funcionalidades definidas no Product Backlog.

Podemos resumir dizendo: o Product Owner é responsável por garantir que a solução desenvolvida pelo time Scrum atenda às necessidades do negócio e do cliente, priorizando as funcionalidades mais importantes e garantindo a qualidade das entregas.

4.1.2 Relacionamento entre o Product Owner e os demais papéis

O relacionamento entre o Product Owner e outros 2 papéis do Scrum é fundamental para o sucesso do projeto. É importante que haja uma comunicação clara e regular entre todas as partes interessadas e que todos trabalhem juntos em equipe para alcançar os objetivos do negócio.

Abaixo estão alguns exemplos de como o relacionamento e a colaboração são cultivados em um ambiente saudável onde o Scrum é praticado:

✓ **Colaboração com o Scrum Master**: o Product Owner e o Scrum Master devem trabalhar juntos para garantir que o time Scrum esteja alinhado com as prioridades do negócio e do cliente.

✓ **Comunicação com os Desenvolvedores**: o Product Owner deve se comunicar regularmente com os Desenvolvedores para esclarecer dúvidas e garantir que as funcionalidades estejam bem definidas. Os Desenvolvedores, por sua vez, devem fornecer feedback sobre as estimativas de esforço e as capacidades técnicas necessárias para implementar as funcionalidades.

✓ **Participação nas cerimônias do Scrum**: o Product Owner deve participar ativamente das cerimônias do Scrum, como a Sprint Planning, o Sprint Review e o Sprint Retrospective, para garantir que o time esteja alinhado com as prioridades do negócio e do cliente.

✓ **Trabalho em equipe**: o Product Owner, o Scrum Master e os Desenvolvedores devem trabalhar em equipe para garantir que as funcionalidades sejam entregues de acordo com as necessidades do negócio e do cliente. O Product Owner deve ser capaz de tomar decisões rápidas e eficientes, enquanto o Scrum Master deve ajudar a facilitar o processo e os Desenvolvedores devem garantir a qualidade das entregas.

4.1.3 Conhecimentos e Habilidades do Product Owner

Um Product Owner precisa possuir diversas habilidades e conhecimentos essenciais, entre os quais gosto de destacar os seguintes:

✓ **Conhecimento do mercado e do cliente**: O Product Owner precisa conhecer profundamente o mercado em que o produto será lançado e as necessidades do cliente. Isso ajuda a definir as prioridades e tomar decisões estratégicas.

✓ **Habilidade de comunicação**: O Product Owner deve ser capaz de se comunicar claramente com a equipe Scrum, os stakeholders e o cliente. Ele precisa ser um bom ouvinte e ter a capacidade de articular suas ideias de forma clara e concisa.

✓ **Capacidade de tomada de decisão**: O Product Owner é responsável por tomar decisões importantes sobre o produto, incluindo quais funcionalidades devem ser desenvolvidas e quando devem ser entregues. É importante que ele seja capaz de tomar decisões rápidas e bem informadas.

✓ **Conhecimento do Scrum**: O Product Owner precisa conhecer bem o framework Scrum e entender o papel de cada membro da equipe Scrum. Isso ajuda a garantir que o processo de desenvolvimento do produto seja eficiente e eficaz.

✓ **Habilidade de gerenciamento de projetos**: O Product Owner é responsável por gerenciar o backlog do produto e garantir que ele esteja atualizado e priorizado. Ele precisa ter habilidades de gerenciamento de projetos para garantir que o produto seja entregue dentro do prazo e do orçamento previsto.

4.1.4 Priorização e Gerenciamento do Backlog do Produto

A priorização e o gerenciamento do backlog do produto pelo Product Owner são essenciais para o sucesso de um projeto.

Existem várias razões pelas quais o processo de priorização e gerenciamento do backlog do produto é crucial para o sucesso de um projeto. Gosto de destacar as seguintes:

✓ **Garantir que as necessidades dos usuários sejam atendidas**: A priorização adequada ajuda a garantir que as funcionalidades mais importantes sejam entregues primeiro, atendendo às necessidades dos usuários e agregando valor ao produto.

✓ **Ajudar a gerenciar as expectativas dos stakeholders**: A priorização e o gerenciamento do backlog do produto ajudam a gerenciar as expectativas dos stakeholders, permitindo que eles tenham uma compreensão clara das funcionalidades que serão entregues e quando elas estarão prontas.

✓ **Permitir uma gestão mais eficiente dos recursos**: Priorizar e gerenciar o backlog do produto ajuda a garantir que os recursos sejam alocados de maneira eficiente, permitindo que a equipe se concentre nas funcionalidades mais importantes e entregue o produto de maneira mais eficiente.

✓ **Facilitar a tomada de decisões**: A priorização e o gerenciamento do backlog do produto fornecem informações valiosas para o Product Owner, ajudando-o a tomar decisões informadas sobre o produto e a estratégia de desenvolvimento.

✓ **Ajudar a manter o foco da equipe**: A priorização e o gerenciamento do backlog do produto ajudam a manter a equipe focada nas funcionalidades mais importantes e a evitar distrações desnecessárias.

4.1.5 Planejamento de Release e Visão do Produto

Planejamento de release: é o processo de decidir quais funcionalidades serão incluídas em cada release do produto e em que ordem elas serão entregues.

Definição da visão do produto: é o processo de definir uma visão clara e concisa do produto que está sendo desenvolvido. A visão do produto deve descrever o que o produto faz, quem é o público-alvo e como ele se diferencia dos concorrentes.

Ao realizar o planejamento de release e definir a visão do produto, o Product Owner deve levar em consideração as necessidades do negócio, as tendências do mercado, as necessidades dos usuários e a capacidade da equipe de desenvolvimento. Isso envolve trabalhar em estreita colaboração com a equipe de desenvolvimento, os stakeholders e outros membros da equipe para garantir que a visão do produto seja clara, alcançável e alinhada com as metas do negócio.

Embora haja muito mais a ser dito sobre o papel do Product Owner no framework Scrum, é importante lembrar que este livro e esta série (DESCOMPLICA) têm um objetivo específico, que é fornecer as informações essenciais para o entendimento desse importante papel no Scrum. Se desejarmos explorar mais a fundo esse tópico, certamente seria necessário escrever mais capítulos ou até mesmo um livro inteiro. No entanto, o que ofereço aqui é um resumo conciso e útil que certamente será valioso para qualquer pessoa que esteja aprendendo sobre o Scrum.

Figura 9 - Product Owner

4.2 Developers

Desenvolvedores.
Também chamados na literatura de DEVs.

Antes da atualização do Scrum Guide em 2020, os desenvolvedores eram referidos como "Time de Desenvolvimento". No entanto, essa terminologia gerava confusão, pois o Time Scrum já era composto pelos desenvolvedores, o Scrum Master e o Product Owner, o que poderia levar a uma interpretação equivocada de que havia dois times envolvidos. Por isso, a partir da atualização já mencionada, os desenvolvedores passaram a ser chamados simplesmente de "Desenvolvedores", o que tornou a comunicação mais clara e precisa.

Entendemos, de agora em diante Developers como o conjunto de profissionais que atuam no que anteriormente era chamado Time de Desenvolvimento, e neste time podemos ter profissionais de diversos perfis.

Developers = Time de Desenvolvimento

4.2.1 Responsabilidades dos Developers

Existem muitas responsabilidades que os Developers têm em um time Scrum, mas é importante e gosto de focar nas seguintes:

✓ **Criar o incremento do produto**: Os Developers são responsáveis por criar o incremento do produto a cada Sprint. Eles trabalham em conjunto com o Product Owner para entender os requisitos do produto e garantir que o incremento desenvolvido atenda às necessidades do cliente.

✓ **Trabalhar em conjunto como um time auto-organizavel**: Os Developers são um time auto-organizavel e multifuncional, o que significa que são capazes de realizar diversas tarefas relacionadas ao desenvolvimento do produto, como análise de requisitos, design, programação, testes, entre outras. Eles colaboram uns com os outros para garantir que o trabalho seja realizado de maneira eficiente e eficaz.

✓ **Participar das cerimônias do Scrum**: Os Developers participam de todas as cerimônias do Scrum, incluindo Sprint Planning, Daily Scrum, Sprint Review e Sprint Retrospective. Eles usam essas cerimônias para definir o trabalho que será realizado durante a Sprint, monitorar o progresso do trabalho, receber feedback do Product Owner e dos usuários finais e refletir sobre como melhorar o processo de desenvolvimento.

✓ **Manter a qualidade do produto**: Os Developers são responsáveis por garantir que o produto seja de alta qualidade. Eles usam técnicas de desenvolvimento ágil, como testes automatizados, integração contínua e revisão de código, para garantir que o incremento do produto seja confiável, seguro e fácil de manter.

✓ **Colaborar com o Scrum Master**: Os Developers trabalham em conjunto com o Scrum Master para garantir que o processo de desenvolvimento seja aderente ao framework Scrum. Eles colaboram para identificar e resolver impedimentos e melhorar continuamente o processo de desenvolvimento.

✓ **Ser transparente**: Os Developers mantêm um alto nível de transparência no trabalho realizado, incluindo o progresso do trabalho, impedimentos e problemas que precisam ser resolvidos. Isso ajuda o time a se manter informado e a tomar decisões informadas sobre como avançar com o desenvolvimento do produto.

4.2.2 Características dos Developers

Assim como mencionei no tópico referente ao Product Owner, os desenvolvedores também possuem ou precisam possuir diversas características, para atuarem com sucesso num time Scrum. Abaixo elenco as 10 que considero primordiais:

✓ **Multifuncionalidade**: Os Developers devem ter habilidades em diversas áreas, para que possam ajudar em qualquer tarefa do time, garantindo que a equipe seja capaz de lidar com qualquer desafio.

✓ **Auto-organização**: Os Developers devem ser capazes de gerenciar o seu próprio trabalho e tomar decisões que ajudem o time a alcançar os objetivos da Sprint.

✓ **Comprometimento**: Os Developers devem estar comprometidos em alcançar os objetivos da Sprint e entregar valor ao cliente. Eles devem trabalhar em conjunto com os outros membros do time para garantir que todos estejam comprometidos com o sucesso do projeto.

✓ **Colaboração**: Os Developers devem ser capazes de trabalhar em conjunto com os outros membros do time, compartilhando informações e conhecimentos e garantindo que todos estejam alinhados com os objetivos da Sprint.

✓ **Habilidade técnica**: Os Developers devem ter habilidades técnicas adequadas para desenvolver as funcionalidades necessárias. Eles devem ser capazes de escrever código de qualidade, seguir boas práticas de programação e lidar com problemas técnicos.

✓ **Habilidade de comunicação**: Os Developers devem ser capazes de se comunicar de forma clara e eficaz com outros membros do time, como o Scrum Master, Product Owner. Eles devem ser capazes de comunicar ideias, progresso, impedimentos e soluções para problemas.

✓ **Capacidade de resolução de problemas**: Os Developers devem ser capazes de resolver problemas complexos e tomar decisões rápidas para garantir que o time possa seguir em frente. Eles devem ser capazes de analisar problemas, identificar soluções e implementar as melhores opções.

✓ **Orientação para o cliente**: Os Developers devem sempre manter o cliente em mente e trabalhar para garantir que o produto atenda às suas necessidades. Eles devem estar cientes das necessidades e expectativas dos clientes e trabalhar para atender ou exceder essas expectativas.

✓ **Espírito de aprendizado contínuo**: Os Developers devem estar sempre procurando aprender novas habilidades e melhorar seu conhecimento técnico e de negócios. Eles devem estar dispostos a aprender com seus erros e serem curiosos o suficiente para explorar novas ideias e tecnologias.

✓ **Flexibilidade**: Os Developers devem ser flexíveis e capazes de se adaptar rapidamente às mudanças nos requisitos do produto, prioridades e prazos. Eles devem ser capazes de lidar com a incerteza e serem ágeis o suficiente para mudar de direção quando necessário.

4.2.3 Habilidades técnicas necessárias (Time Cross funcional)

Ser Cross funcional significa que os Developers (time inteiro e juntos) devem possuir habilidades e conhecimentos em várias áreas além da programação, como design, gerenciamento de projetos, análise de dados e testes, entre outras. Lembrando que o Scrum pode ser usado pra qualquer tipo de projetos e não apenas desenvolvimento de software.

Essa abordagem é importante porque ajuda a garantir que os desenvolvedores entendam o impacto de suas decisões e escolhas de design em outras áreas do negócio. Isso pode incluir como a usabilidade e a experiência do usuário são afetadas pelo design de um aplicativo, como os custos de desenvolvimento são afetados pelo escopo do projeto e como o desempenho e a escalabilidade são afetados pelas escolhas de arquitetura.

Ser Cross funcional também permite que os desenvolvedores trabalhem mais efetivamente em equipe e sejam mais flexíveis em sua abordagem ao trabalho. Isso é especialmente importante em ambientes de desenvolvimento ágil, onde as equipes precisam ser capazes de se adaptar rapidamente a mudanças nas prioridades do projeto e nos requisitos do cliente.

Além disso, a abordagem Cross funcional pode ser valiosa para o crescimento profissional do desenvolvedor, pois ajuda a desenvolver uma compreensão mais ampla do negócio e a expandir suas habilidades em diversas áreas, permitindo que se torne um profissional mais completo e versátil aprendendo com seus pares que possuem outras competências, num ciclo de aprendizado contínuo.

4.2.4 Desafios enfrentados pelos Developers

Muitos serão os desafios, o principal talvez seja no momento da implantação do Scrum, pois neste momento além das adaptações que se fazem necessárias, muitas vezes ainda é preciso quebrar a barreira, ou seja quebrar a cultura já entranhada na organização. A seguir elenco mais alguns desafios enfrentados pelos Developers.

✓ **Pressão para entregar**: Os desenvolvedores podem enfrentar pressão para entregar recursos ou funcionalidades em um curto período. Isso pode resultar em uma qualidade de código inferior ou em comprometimentos no processo de desenvolvimento.

✓ **Mudanças constantes de prioridade**: O Scrum é projetado para ser flexível e adaptável, o que significa que as prioridades podem mudar frequentemente. Isso pode ser desafiador para os desenvolvedores, que precisam se adaptar rapidamente às mudanças para garantir que estejam trabalhando nos itens certos do backlog.

✓ **Integração contínua**: A prática de integração contínua exige que os desenvolvedores integrem seu código ao repositório de código compartilhado regularmente. Isso pode ser um desafio, especialmente se o código de vários desenvolvedores precisar ser integrado e testado.

✓ **Trabalho em equipe**: O Scrum enfatiza o trabalho em equipe e a colaboração. Isso pode ser desafiador para os desenvolvedores que preferem trabalhar de forma independente ou não estão acostumados a trabalhar em um ambiente colaborativo.

✓ **Aumento da responsabilidade**: O Scrum pode aumentar a responsabilidade dos desenvolvedores, pois eles são responsáveis pela entrega de funcionalidades e recursos específicos. Isso pode ser desafiador para os desenvolvedores que não estão acostumados a ter tanta responsabilidade em seu trabalho.

✓ **Falta de documentação**: O Scrum enfatiza a entrega rápida e a iteração contínua, o que significa que a documentação pode ser deixada de lado em favor do código. Isso pode ser desafiador para os desenvolvedores que preferem trabalhar com documentação detalhada e abrangente.

✓ **Comunicação inadequada**: A comunicação é fundamental no Scrum, e os desenvolvedores precisam se comunicar regularmente com o Scrum Master, o Product Owner e outros membros da equipe. A falta de comunicação pode levar a problemas de colaboração e atrasos no projeto.

4.2.5 Melhores práticas para Developers

As práticas sugeridas a seguir, podem melhorar o desempenho dos Desenvolvedores, assim como melhorar exponencialmente a qualidade do produto entregue.

✓ **Escrever código limpo e legível**: O código deve ser fácil de ler, entender e manter. Isso pode ser alcançado por meio de uma codificação clara e consistente e do uso de padrões de codificação bem definidos.

✓ **Programação em pares**: A programação em pares envolve a colaboração entre dois desenvolvedores na criação do código. Isso pode ajudar a melhorar a qualidade do código e reduzir a possibilidade de erros.

✓ **Revisões de código**: As revisões de código podem ajudar a garantir que o código esteja em conformidade com as práticas recomendadas e que esteja livre de erros. As revisões de código também podem promover o compartilhamento de conhecimento entre os desenvolvedores.

✓ **Propriedade coletiva do código**: Todos os membros da equipe de desenvolvimento têm propriedade compartilhada do código, o que significa que todos são responsáveis pela qualidade do código.

✓ **Desenvolvimento orientado a testes (TDD):** O TDD envolve escrever testes automatizados antes de escrever o código de produção. Isso pode ajudar a garantir que o código atenda aos requisitos do cliente e reduzir a possibilidade de erros.

✓ **Testes automatizados**: Os testes automatizados podem ajudar a garantir a qualidade do código e a reduzir a possibilidade de erros. Eles também permitem que os desenvolvedores verifiquem se suas alterações introduziram novos problemas no código existente.

✓ **Refatoração**: A refatoração envolve a reorganização do código para torná-lo mais legível e fácil de manter. Isso pode ajudar a reduzir a complexidade do código e a melhorar sua qualidade.

✓ **Integração contínua**: A integração contínua envolve a integração regular do código com o repositório principal e a execução automatizada de testes. Isso ajuda a garantir que o código esteja sempre pronto para implantação e que os problemas possam ser detectados e corrigidos rapidamente.

✓ **Aprendizado contínuo**: Os desenvolvedores devem estar sempre atualizados em relação às novas tecnologias e práticas recomendadas. Eles podem se beneficiar de participar de cursos, conferências e comunidades de desenvolvedores para aprender e trocar conhecimentos com outros profissionais.

✓ **Cliente presente**: O cliente está presente durante todo o processo de desenvolvimento e fornece feedback regular sobre as funcionalidades desenvolvidas. Isso pode ajudar a garantir que o produto atenda às necessidades do cliente.

Assim como já mencionei no tópico referente ao Product Owner, e de certo me repetirei no tópico referente ao Scrum Master, eu poderia escrever um capítulo e até mesmo um livro sobre os Developers, mas isso foge do objetivo e escopo desta publicação, acredito que as informações apresentadas são as mais relevantes para o entendimento deste papel no Scrum.

Figura 10 - Developers

4.3 Scrum Master

Também chamado apenas de S.M.
Não é comum a atribuição de traduções para este papel.

4.3.1 Responsabilidades do Scrum Master

O Scrum Master é o responsável por garantir que a equipe esteja seguindo as práticas ágeis e os valores do Scrum, e que esteja trabalhando de forma eficiente e colaborativa. O Scrum Master é o guardião do Framework Scrum. Abaixo elenco apenas algumas destas responsabilidades deste profissional que é vital para o bom funcionamento do framework.

4.3.1.1 Facilitação

O Scrum Master é responsável por facilitar as reuniões do Scrum, incluindo a Planning meeting, Daily meeting (veremos mais a frente, que ele não precisa nem estar presente, mas ainda assim é sua responsabilidade se preciso for facilitar também esta cerimônia), Review meeting e Retrospective meeting. Ele deve garantir que a equipe esteja trabalhando de forma colaborativa e que todas as partes interessadas estejam envolvidas no processo.

Em resumo, a facilitação é uma das habilidades mais importantes do Scrum Master. Ele deve ser um ouvinte atento, focado em resultados, imparcial, um comunicador eficaz, facilitador de discussões, gerente do tempo e preparado adequadamente para as reuniões do Scrum. A facilitação eficaz do Scrum Master é fundamental para garantir que a equipe Scrum esteja trabalhando de forma colaborativa e alcance seus objetivos.

4.3.1.2 Líder Servidor

O Scrum Master é responsável por servir à equipe, removendo impedimentos e garantindo que a equipe tenha o ambiente e os recursos necessários para ser bem-sucedida.

Essa abordagem de liderança tem como objetivo principal empoderar a equipe, ajudando-a a se tornar autogerenciável.

Ao adotar uma abordagem de liderança servidora, o Scrum Master pode ajudar a equipe Scrum a se tornar mais autônoma, responsável e engajada. Isso pode levar a uma maior colaboração, criatividade e inovação, permitindo que a equipe alcance seus objetivos de forma eficaz.

4.3.1.3 Coaching

O Scrum Master é responsável por orientar a equipe Scrum e garantir que ela esteja seguindo as práticas ágeis corretas. Ele deve ajudar a equipe a entender e aplicar os valores do Scrum em seu trabalho diário.

Ao reunir essas características de coaching, o Scrum Master pode ajudar a equipe Scrum a melhorar continuamente seu trabalho, identificar oportunidades de aprendizado e crescimento e alcançar seus objetivos.

4.3.1.4 Comunicação Ativa

O Scrum Master é responsável por garantir que a comunicação seja ativa, clara e eficaz entre a equipe Scrum e outras partes interessadas. Ele deve garantir que todas as informações importantes sejam compartilhadas e que as expectativas sejam gerenciadas de forma adequada.

A comunicação ativa é uma das principais responsabilidades do Scrum Master. Isso envolve garantir que todas as partes interessadas estejam informadas e envolvidas no processo Scrum, incluindo os Developers, o Product Owner e os Stakeholders.

O Scrum Master deve facilitar reuniões e cerimônias do Scrum, além de garantir que a equipe esteja se comunicando efetivamente e trabalhando juntos para alcançar seus objetivos. Através da comunicação ativa, o Scrum Master ajuda a garantir que a equipe esteja alinhada em relação aos objetivos do projeto e que todos estejam trabalhando em sincronia para entregas bem-sucedidas e de alta qualidade.

4.3.1.5 Resolvedor de Conflitos

O Scrum Master é responsável por ajudar a equipe a resolver conflitos e problemas de forma colaborativa. Ele deve incentivar a equipe a trabalhar em conjunto para encontrar soluções e superar os desafios que possam surgir.

Como resolvedor de conflitos da equipe, o Scrum Master deve estar atento a sinais de tensão ou conflito e trabalhar para resolvê-los antes que eles se tornem um problema maior.

Para resolver conflitos, o Scrum Master deve ter habilidades em comunicação não violenta, escuta ativa e empatia. Ele deve ser capaz de ajudar as partes envolvidas a expressar seus pontos de vista de forma clara e direta, compreender as perspectivas uns dos outros e encontrar soluções que sejam aceitáveis para todas as partes.

O Scrum Master deve estar disposto a intervir quando necessário e garantir que as discussões sejam conduzidas de forma respeitosa e profissional. Ao ajudar a equipe Scrum a resolver conflitos de maneira eficaz, o Scrum Master pode manter a equipe focada em seus objetivos e garantir que o processo Scrum seja executado de forma suave e produtiva.

4.3.1.6 Melhoria Contínua

O Scrum Master é responsável por garantir que a equipe esteja buscando continuamente a melhoria do processo de desenvolvimento. Ele deve ajudar a equipe a realizar retrospectivas regulares para identificar oportunidades de melhoria e implementar mudanças positivas.

Ele também deve estar sempre buscando maneiras de melhorar sua própria prática de Scrum Master, aprendendo com a experiência e aprimorando suas habilidades.

Com uma abordagem de melhoria contínua, o Scrum Master ajuda a equipe a manter o foco no aprimoramento contínuo do processo, o que leva a entregas mais eficientes, de maior qualidade e mais valor para o cliente.

4.3.2 Qualidades essenciais do Scrum Master

São muitas as habilidades, conhecimentos e traços de personalidade que um bom Scrum Master deve possuir, mas sempre devem estar presentes: empatia, paciência, pensamento crítico e capacidade de liderança.

4.3.2.1 Empatia

A empatia é uma característica crucial para um Scrum Master. Ele deve ser capaz de se colocar no lugar dos membros da equipe, entender suas perspectivas e preocupações e ajudá-los a superar seus desafios.

Através da empatia, o Scrum Master pode estabelecer um ambiente de trabalho seguro e colaborativo, onde a equipe se sinta confortável para expressar suas opiniões e buscar ajuda quando necessário. Além disso, a empatia ajuda a construir relacionamentos de confiança entre o Scrum Master e a equipe, o que é fundamental para o sucesso do processo Scrum.

Ao demonstrar empatia, o Scrum Master pode ajudar a equipe a se sentir valorizada e apoiada, o que aumenta sua motivação e engajamento no projeto. Isso, por sua vez, pode levar a entregas mais bem-sucedidas e de maior qualidade, já que a equipe trabalha em conjunto com um objetivo comum.

4.3.2.2 Paciência

A paciência é fundamental. Ele deve ser capaz de lidar com situações desafiadoras de forma calma e controlada, mantendo a equipe motivada e focada no objetivo.

O Scrum Master deve ter paciência para entender que o processo de desenvolvimento de software pode ser complexo e que os membros da equipe podem precisar de tempo para entender e aplicar novas práticas. Ele deve ser capaz de ajudar a equipe a superar obstáculos e a manter-se motivada ao longo do processo.

Além disso, a paciência ajuda o Scrum Master a lidar com situações estressantes, como atrasos no cronograma, mudanças de requisitos e conflitos internos. Ao manter a calma e a paciência, ele pode ajudar a equipe a encontrar soluções para esses problemas e manter o projeto no caminho certo.

Ao demonstrar paciência, o Scrum Master pode criar um ambiente de trabalho mais harmonioso e colaborativo, onde a equipe se sinta à vontade para compartilhar seus desafios e trabalhar em conjunto para encontrar soluções.

4.3.2.3 Pensamento Critico

Ele deve ser capaz de avaliar de forma crítica as informações disponíveis, tomar decisões informadas e liderar a equipe a tomar as melhores decisões possíveis.

O Scrum Master deve estar disposto a questionar as suposições e crenças da equipe, desafiando-as a pensar de forma mais crítica e criativa sobre o processo e o produto. Ele deve ser capaz de identificar problemas potenciais e ajudar a equipe a encontrar soluções práticas e eficazes.

Ao aplicar o pensamento crítico, o Scrum Master pode ajudar a equipe a evitar armadilhas comuns do processo de desenvolvimento de software, como a falta de clareza nos requisitos do cliente, o planejamento ineficaz e a falta de comunicação clara. Isso ajuda a equipe a manter o foco em suas metas e a tomar decisões informadas que impulsionam o sucesso do projeto.

4.3.2.4 Capacidade de Liderança

O Scrum Master deve ser capaz de liderar a equipe em direção a um objetivo comum, motivando e inspirando seus membros a trabalhar juntos para alcançar metas ambiciosas.

Um bom Scrum Master deve ser capaz de definir claramente as expectativas da equipe, comunicar os objetivos do projeto e orientar a equipe na direção certa. Ele deve ser um modelo de comportamento positivo e encorajar a equipe a fazer o mesmo.

A liderança eficaz requer que o Scrum Master seja um bom comunicador, ouvindo atentamente as necessidades e preocupações da equipe e comunicando de forma clara e concisa as informações importantes. Além disso, ele deve ser capaz de tomar decisões difíceis, avaliar riscos e lidar com situações desafiadoras.

Ao demonstrar habilidades de liderança, o Scrum Master pode ajudar a equipe a se sentir motivada e engajada no projeto, além de criar um ambiente de trabalho positivo e colaborativo. Isso, por sua vez, pode levar a entregas bem-sucedidas e de alta qualidade, bem como a um clima de trabalho positivo e produtivo.

4.3.3 Relacionamentos do Scrum Master

O Scrum Master se relaciona com todos os membros da equipe Scrum, além de manter um relacionamento com os indivíduos fora do time Scrum, seus objetivos primários são: evangelizar o Scrum na organização e estabelecer um ambiente de trabalho colaborativo, incentivando a criatividade e inovação.

4.3.3.1 Com os Developers

O relacionamento do Scrum Master com os Desenvolvedores é fundamental para o sucesso de um projeto de Scrum. O Scrum Master é responsável por orientar e apoiar a equipe de desenvolvimento, garantindo que ela tenha as condições necessárias para entregar o trabalho de forma eficiente e eficaz.

Isso inclui remoção de impedimentos, facilitação de cerimônias, apoio na definição das metas da sprint, e ajudar a equipe a seguir as práticas e processos de Scrum. O Scrum Master também deve ser um líder servidor, criando um ambiente colaborativo e incentivando a comunicação e a transparência entre os membros da equipe.

Em resumo, o relacionamento do Scrum Master com os Desenvolvedores é de liderança, orientação e apoio, com o objetivo de ajudar a equipe a alcançar seus objetivos e entregar valor ao cliente de forma eficiente.

4.3.3.2 Com o Product Owner

O relacionamento com o Product Owner é outro aspecto crucial para o sucesso do framework. O Scrum Master é responsável por facilitar a comunicação e colaboração entre o Product Owner e a equipe de desenvolvimento.

O Scrum Master deve garantir que o Product Owner esteja disponível para fornecer esclarecimentos sobre os requisitos do produto, fornecer feedback sobre o progresso do desenvolvimento e fazer as escolhas corretas para maximizar o valor entregue ao cliente.

Além disso, o Scrum Master deve trabalhar com o Product Owner para garantir que o backlog do produto esteja claro e atualizado, ajudando a equipe de desenvolvimento a priorizar e planejar o trabalho para as próximas sprints.

Este relacionamento do Scrum Master com o Product Owner é de suporte e colaboração, garantindo que o Product Owner tenha todas as informações necessárias para tomar decisões informadas sobre o produto e que a equipe de desenvolvimento esteja trabalhando de forma eficaz para entregar valor ao cliente.

4.3.3.3 Com os Stakeholders e o Resto da Organização

O relacionamento com os stakeholders e o resto da organização é fundamental para garantir o sucesso da implementação do Scrum. O Scrum Master é responsável por promover a transparência e a colaboração entre a equipe de desenvolvimento e os stakeholders, incluindo a gerência e outros departamentos da organização.

O Scrum Master deve trabalhar para garantir que os stakeholders compreendam as práticas e processos de Scrum e que eles estejam envolvidos no processo de tomada de decisão. Ele deve atuar como um facilitador na comunicação e ajudar a garantir que os stakeholders forneçam feedback regularmente, ajudando a equipe de desenvolvimento a entender melhor as necessidades do cliente.

Além disso, o Scrum Master deve trabalhar com a gerência (ou similar) e outros departamentos da organização para garantir que eles compreendam o papel do Scrum e a importância de apoiar a equipe de desenvolvimento.

Colaboração e comunicação aberta, ajudando a garantir que todos compreendam o papel do Scrum e trabalhem juntos para alcançar os objetivos do projeto.

4.4 Principais Desafios de um Scrum Master

Entre inúmeros desafios, destacam-se os seguintes como os principais desafios enfrentados por um Scrum Master.

✓ **Resistência à mudança:** muitas vezes, as equipes e a organização podem ser resistentes à mudança e ao novo processo de Scrum. O Scrum Master precisa trabalhar para superar essa resistência e educar as pessoas sobre os benefícios do Scrum.

✓ **Falta de comprometimento:** pode haver membros da equipe que não estão comprometidos com o processo de Scrum, o que pode afetar negativamente o sucesso do projeto. O Scrum Master precisa trabalhar para motivar e engajar todos os membros da equipe.

✓ **Impedimentos:** podem surgir durante o desenvolvimento do projeto e impedir que a equipe de desenvolvimento entregue o trabalho de forma eficiente. O Scrum Master deve trabalhar para remover esses impedimentos o mais rápido possível.

✓ **Comunicação inadequada:** a comunicação inadequada entre os membros da equipe e com os stakeholders pode afetar negativamente o sucesso do projeto. O Scrum Master precisa garantir que a comunicação seja clara, eficaz e regular.

✓ **Falta de experiência:** se a equipe de desenvolvimento é nova no Scrum, pode haver uma curva de aprendizado acentuada. O Scrum Master precisa fornecer orientação e treinamento para ajudar a equipe a se adaptar ao processo de Scrum.

Conforme mencionei anteriormente no tópico sobre os Developers, há muito também a ser dito sobre o Scrum Master - a ponto de se escrever um capítulo ou até mesmo um livro extenso sobre o assunto. No entanto, para manter o foco e escopo desta publicação e desta série iniciada com este livro, optei por apresentar apenas as informações mais relevantes para o entendimento deste papel dentro do Scrum.

Figura 11 - Scrum Master

5 EVENTOS OU CERIMÔNIAS DO SCRUM

O Scrum é composto por 5 eventos importantes, conhecidos também como cerimônias, e todos eles seguem a técnica de time-boxe, ou seja, possuem uma duração limitada e fixa. Esses eventos são na ordem cronológica: Sprint, Planning Meeting, Daily Meeting, Review Meeting e Retrospective Meeting.

Definição de Time-box: é uma técnica usada para definir um tempo limitado para cada evento, atividade ou processo. A ideia é que, ao definir um período específico para uma determinada atividade, é possível garantir que a equipe de desenvolvimento foque nas tarefas mais importantes e evite desperdício de tempo.

5.1 Sprint

5.1.1 Importância da Sprint

A Sprint é o primeiro dos eventos no Scrum, todos os demais estão contidos nela, podemos também a entender como um container com todos os outros eventos dentro.

Ela representa um período fixo, geralmente de uma a quatro semanas, durante o qual a equipe de desenvolvimento trabalha para entregar um incremento de produto potencialmente entregável.

A Sprint é uma oportunidade para a equipe de desenvolvimento focar em um conjunto específico de tarefas e objetivos, com o objetivo de entregar um incremento de produto funcional e valioso ao final do período. Durante a Sprint, a equipe realiza as atividades necessárias para alcançar esses objetivos, incluindo o planejamento, o desenvolvimento, os testes e a revisão do trabalho concluído.

Ao final de cada Sprint, a equipe realiza uma Revisão da Sprint, onde apresenta o trabalho concluído e recebe feedback dos stakeholders sobre o incremento de produto entregue. Esse feedback ajuda a equipe a entender se está no caminho certo e se as necessidades dos clientes e stakeholders estão sendo atendidas.

A Sprint também ajuda a manter a equipe de desenvolvimento alinhada e focada no objetivo do projeto, bem como a garantir a entrega de um incremento de produto potencialmente entregável ao final de cada período. Isso permite que o projeto avance de forma constante e progressiva, com entregas frequentes e valorosas, o que é fundamental para o sucesso do projeto.

5.1.2 Os Papéis durante a Sprint

Durante a Sprint, que aqui podemos definir como o principal dos 5 eventos previstos no Scrum, uma vez, que todos os outros 4 estão contidos nele, cada um dos 3 papéis atua ativamente.

Developers: Os desenvolvedores são responsáveis por criar o incremento de produto potencialmente entregável durante a Sprint, trabalhando em equipe para alcançar os objetivos definidos no Sprint Backlog. Eles também desempenham um papel fundamental na colaboração com o Product Owner, Scrum Master e stakeholders para garantir que as necessidades do cliente sejam atendidas.

Product Owner: é responsável por garantir que as necessidades do cliente sejam atendidas durante a Sprint, trabalhando em colaboração com o time Scrum. Eles definem e priorizam as atividades no Sprint Backlog e fornecem orientação e feedback aos desenvolvedores, além de fazer ajustes no Backlog do Produto, conforme necessário.

Scrum Master: é responsável por garantir que o time Scrum esteja aderindo às práticas do Scrum e que qualquer impedimento seja resolvido. Eles também ajudam a facilitar a comunicação e colaboração do time Scrum, além de fornecer feedback e orientação para melhorar o desempenho do time.

5.1.3 Cancelamento da Sprint

O cancelamento de uma Sprint é uma prática raramente utilizada no Scrum, e só deve ocorrer em casos extremos. O cancelamento só pode ser realizado pelo Product Owner, mas é importante que a decisão seja tomada com base em uma análise criteriosa da situação.

Algumas razões que podem levar ao cancelamento de uma Sprint incluem mudanças significativas no Product Backlog, incapacidade da equipe de entregar o incremento esperado, problemas técnicos graves, ou mesmo a descoberta de que a Sprint não atingirá seu objetivo. Em qualquer caso, o cancelamento deve ser visto como uma oportunidade para a equipe aprender e melhorar, e não como um fracasso.

É importante lembrar que, se a Sprint for cancelada, todo o trabalho realizado até aquele momento deve ser revisado e o Product Backlog deve ser atualizado para refletir a nova situação. A equipe deve estar preparada para iniciar nova Sprint imediatamente após o cancelamento.

5.1.4 Sprint Zero

"Eu só usaria uma sprint 0 se minha equipe fosse nerd o suficiente para começar a contar em 0. Só para descontrair. Sempre e onde quer que você comece, sua primeira sprint é sua primeira sprint, logicamente a sprint 1. E como minha mãe falava sobre panquecas, a primeira é sempre uma merda." (Niels Dimmers, maio de 2019)

O conceito de Sprint Zero não existe oficialmente no Scrum. Algumas empresas, no entanto, erroneamente utilizam o momento de concepção, aprovação de projetos ou a formação da equipe para denominá-lo como Sprint Zero.

Outra prática equivocada é considerar atividades como configuração de ambiente, segurança, infraestrutura inicial e entendimento como Sprint Zero. Na verdade, essas atividades são importantes e devem ser realizadas antes do início da primeira Sprint, mas não fazem parte do framework do Scrum.

O Scrum orienta a equipe a começar a trabalhar no primeiro item do Product Backlog na primeira Sprint, independentemente de quaisquer outras atividades que possam ter sido realizadas antes. A ideia é que o time comece a entregar valor o mais rápido possível, evitando atrasos e desperdício de recursos.

Figura 12 - Sprint

5.2 Planning Meeting

5.2.1 Importância da Planning Meeting

A Planning Meeting (ou Reunião de Planejamento), também chamada de: Sprint Planning, ou somente Planning, é a segunda das cinco cerimônias do Scrum e tem como objetivo definir o objetivo da Sprint e planejar o trabalho que será realizado pelo time durante essa Sprint.

Os principais objetivos da Planning Meeting são:

✓ Definir o objetivo da Sprint e estabelecer as metas a serem alcançadas durante a Sprint;
✓ Selecionar os itens do Product Backlog (Backlog do Produto) que serão trabalhados durante a Sprint e definir como eles serão entregues;

✓ Identificar as tarefas necessárias para concluir os itens selecionados do Product Backlog e estimá-las em termos de tempo e complexidade;
✓ Definir o plano de ação da Sprint, conhecido como Sprint Backlog.

A Planning Meeting é importante porque ajuda o time a se concentrar em um objetivo claro e a definir um plano de ação para alcançá-lo. Isso ajuda a evitar problemas como retrabalho e atrasos, permitindo que o time trabalhe de forma mais eficiente e eficaz.

Além disso, a Planning Meeting é uma oportunidade para que o Product Owner e os Developers colaborem para definir o que deve ser feito durante a Sprint e como isso será feito. Isso ajuda a garantir que o trabalho esteja alinhado com as necessidades do cliente e que os Developers tenham clareza sobre o que deve ser entregue e como.

5.2.2 Duração da Planning Meeting

Segundo o Scrum Guide 2020, a Planning Meeting deve ter no máximo 8 horas de duração para uma Sprint de um mês, com redução proporcional para Sprints mais curtas. O tempo da Planning Meeting deve ser ajustado de acordo com o tamanho e complexidade do trabalho a ser planejado, mas nunca deve ultrapassar o tempo máximo recomendado.

A primeira parte da Planning Meeting é dedicada a definir o objetivo da Sprint e estabelecer as metas a serem alcançadas. A segunda parte é focada na seleção dos itens do Backlog do Produto e na definição do plano de ação para a Sprint. Durante a Planning Meeting, o Product

Owner apresenta os itens do Backlog do Produto mais relevantes para a Sprint, o time os discute e, em seguida, seleciona os que serão trabalhados durante a Sprint.

É importante que todos os membros do time participem ativamente da Planning Meeting e contribuam para o planejamento da Sprint. Isso ajuda a garantir que o time esteja alinhado e comprometido com o objetivo da Sprint e com o plano de ação definido.

5.2.3 Os Papéis durante a Planning Meeting

Developers: eles têm uma participação crucial na Planning Meeting. Durante a reunião, eles contribuem com suas perspectivas técnicas e ajudam a estimar o esforço necessário para cada item do Backlog do Produto, com base em sua experiência e conhecimento técnico.

Além disso, os Developers também são responsáveis por definir a abordagem técnica que será usada para concluir cada item do Backlog do Produto selecionado para a Sprint. Isso pode envolver a discussão de tecnologias, ferramentas e práticas de desenvolvimento que serão usadas, bem como a definição de critérios de aceitação para cada item.

A participação ativa dos Developers na Planning Meeting ajuda a garantir que o plano de ação para a Sprint seja realista e viável do ponto de vista técnico. Isso ajuda a garantir que o time possa entregar valor real ao final da Sprint e cumprir com sucesso o objetivo definido para a Sprint.

Product Owner: é peça fundamental na Planning Meeting, pois é ele quem define e prioriza os itens do Backlog do Produto que serão discutidos e planejados para a próxima Sprint. Além disso, ele é responsável por esclarecer quaisquer dúvidas sobre os itens do Backlog do Produto selecionados e ajudar o time a entender o valor que será entregue com cada um deles.

Durante a Planning Meeting, o Product Owner trabalha em conjunto com o time de desenvolvimento para definir os objetivos e metas para a Sprint, garantindo que estes estejam alinhados com a visão geral do produto e as necessidades do cliente. Ele também fornece informações sobre os requisitos e necessidades do usuário final, para que o time de desenvolvimento possa considerá-los durante a definição do plano de ação para a Sprint.

Assim, a presença ativa do Product Owner na Planning Meeting ajuda a garantir que o plano de ação da Sprint esteja focado nos itens mais importantes para o cliente e que entregará valor real ao final da Sprint. Ele também ajuda a garantir que as expectativas do cliente estejam alinhadas com o que o time de desenvolvimento está planejando para a Sprint.

Scrum Master: é responsável por facilitar a Planning Meeting, garantindo que a reunião ocorra de forma eficiente e eficaz. Durante a reunião, o Scrum Master atua como um coach para o time, ajudando-os a entender e seguir o processo do Scrum e a melhorar continuamente o seu desempenho.

Uma das principais responsabilidades do Scrum Master durante a Planning Meeting é garantir que a equipe de desenvolvimento compreenda bem os itens do Backlog do Produto e as suas prioridades definidas pelo Product Owner. O Scrum Master pode ajudar a esclarecer dúvidas e a garantir que a equipe tenha uma visão clara dos objetivos da Sprint e do valor que será entregue ao final dela.

Outra responsabilidade importante do Scrum Master durante a Planning Meeting é garantir que a equipe de desenvolvimento possua um entendimento claro dos recursos disponíveis e das suas capacidades para entregar as funcionalidades planejadas na Sprint. Isso ajuda a evitar o excesso de compromisso e a garantir que a equipe possa cumprir com o que foi planejado.

Além disso, o Scrum Master deve ajudar a equipe a manter o foco durante a Planning Meeting, garantindo que a reunião ocorra dentro do tempo alocado e que as decisões sejam tomadas de forma colaborativa e com base em fatos. Ele também deve ajudar a equipe a definir metas claras para a Sprint, garantindo que estas sejam alcançáveis e que ajudem a guiar o trabalho do time durante a Sprint.

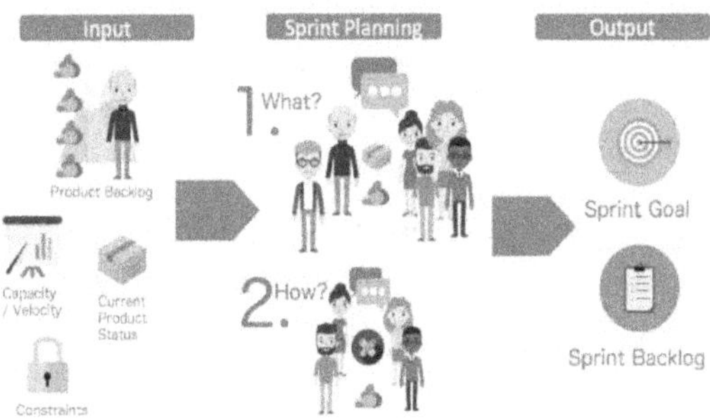

Figura 13 - Planning Meeting

5.3 Daily Meeting

5.3.1 Importância da Daily Meeting

A Daily Meeting, também conhecida como Daily Scrum, ou mesmo somente como Daily, é um evento diário do Scrum projetado para permitir que a equipe de desenvolvimento sincronize suas atividades e planeje o trabalho para o próximo dia. A importância da Daily Meeting inclui:

✓ **Comunicação e colaboração**: A Daily Meeting ajuda a promover a comunicação e a colaboração entre os membros da equipe, permitindo que compartilhem informações e discutam possíveis problemas que possam surgir durante o desenvolvimento.

✓ **Foco no objetivo da sprint**: A reunião diária ajuda a manter a equipe de desenvolvimento focada no objetivo da sprint, lembrando-os do trabalho que precisa ser concluído para alcançar o objetivo.

✓ **Identificação de problemas**: A reunião diária permite que a equipe identifique rapidamente quaisquer problemas que possam surgir, permitindo que eles trabalhem juntos para resolvê-los antes que afetem o progresso da sprint.

✓ **Aprendizado e melhoria contínua**: A Daily Meeting também oferece a oportunidade para a equipe aprender e melhorar continuamente, analisando seu progresso diário e ajustando seu plano de ação, se necessário.

✓ **Acompanhamento do progresso**: A reunião diária permite que a equipe de desenvolvimento acompanhe o progresso diário do trabalho e avalie o progresso em relação ao plano de ação da sprint, ajudando a garantir que a equipe atinja o objetivo da sprint dentro do prazo estabelecido.

5.3.2 Duração da Daily Meeting

No máximo 15 minutos, independente do tempo de duração da Sprint. Todos os Developers são obrigados a participar. Esta reunião geralmente acontece no mesmo local e mesmo horário todos os dias, e é sugerido que a mesma ocorra em pé, com o objetivo primário de não demorar, e cumprir seu time-box de apenas 15 minutos.

O Scrum Master e o Product Owner, podem participar como convidados e apenas como ouvintes.

É um evento dos Developers para os Developers.

5.3.3 Os Papéis durante a Daily Meeting

Developers: compartilham o que fizeram no dia anterior, o que pretendem fazer no dia atual e quais obstáculos estão enfrentando. Eles se concentram em como podem melhorar o trabalho em equipe e garantir que estejam todos alinhados para atingir a meta da Sprint. Eles também podem discutir problemas técnicos ou de qualidade e como resolvê-los. Os Developers são responsáveis por fornecer atualizações diárias sobre o andamento do trabalho e garantir que estejam trabalhando em direção aos objetivos da Sprint.

Product Owner: pode ser convidado a participar como ouvinte. Ele pode usar esse tempo para entender o que a equipe está trabalhando e se há algum obstáculo que possa afetar a entrega do produto. O Product Owner também pode esclarecer quaisquer dúvidas sobre os requisitos do produto ou fornecer feedback sobre o trabalho da equipe, claro se for requisitado. No entanto, o foco principal da Daily Meeting é para os Developers sincronizarem as atividades diárias e identificar quaisquer problemas que precisam ser resolvidos, então o papel do Product Owner é principalmente de observador durante essa cerimônia, reiterando se for convidado.

Scrum Master: pode ser convidado a participar como ouvinte. Atua como um facilitador e garante que a reunião seja realizada dentro do tempo previsto (15 minutos), mantendo o foco na sincronização das atividades. O Scrum Master também monitora o progresso da equipe e ajuda a identificar quaisquer problemas ou obstáculos que possam estar impedindo o progresso da equipe. Se houver alguma discussão que precise ser aprofundada, o Scrum Master pode decidir que isso deve ser discutido fora da reunião ou em uma reunião posterior com a equipe. Além disso, o Scrum Master pode usar a Daily Meeting para observar como a equipe está trabalhando juntos e como pode ajudá-los a melhorar sua colaboração e eficiência. Nas primeiras Sprints tem um papel mais impactante, pois mostra aos Developers a importância da cerimônia e como a mesma deve ser conduzida.

Figura 14 - Daily Meeting

5.4 Review Meeting

5.4.1 Importância da Review Meeting

A Review Meeting, também conhecida como Sprint Review, ou somente Review é uma cerimônia essencial no Scrum, pois tem como objetivo principal apresentar o trabalho concluído pelos Developers durante a Sprint. É um momento para que os stakeholders (clientes, usuários, patrocinadores etc.) possam ver o progresso do projeto e fornecer feedback valioso para os Developers.

Durante a Review Meeting, os Developers devem apresentar as funcionalidades entregues durante a Sprint, mostrando como cada uma delas contribuiu para o objetivo geral do projeto. Além disso, é importante que a equipe demonstre como essas funcionalidades funcionam, fornecendo uma visão clara e objetiva do que foi desenvolvido.

A Review Meeting também é uma oportunidade para os Developers receberem feedback dos stakeholders e discutir possíveis melhorias para a próximo Sprint. Essa colaboração pode ajudar a equipe a entender melhor as necessidades do cliente e aprimorar o produto de forma mais eficiente.

Review Meeting ajuda a manter a transparência do projeto, pois permite que todas as partes interessadas vejam o progresso do trabalho realizado pelos Developers. Isso ajuda a estabelecer um relacionamento de confiança entre os developers e os stakeholders, o que pode ser crucial para o sucesso do projeto.

5.4.2 Duração da Review Meeting

De acordo com o Scrum Guide 2020, a duração da Review Meeting deve ser de no máximo quatro horas para um Sprint de um mês. Para Sprints menores, a Review Meeting deve ser proporcionalmente mais curta.

5.4.3 Os Papéis durante a Review Meeting

Developers: apresentam o trabalho concluído durante a Sprint. Eles demonstram o que foi feito e explicam como as histórias de usuário foram implementadas, destacando também os desafios enfrentados e as soluções encontradas. Os Developers também recebem feedback do Product Owner e dos Stakeholders e discutem possíveis ajustes ou melhorias para o próximo Sprint. É importante que os Developers estejam preparados e disponíveis para apresentar o trabalho de forma clara e objetiva.

Product Owner: é responsável por avaliar o trabalho realizado pelos Developers durante a Sprint e fornecer feedback sobre o que foi entregue. O Product Owner também pode ter a oportunidade de realizar demonstrações dos recursos entregues, bem como responder a perguntas dos stakeholders presentes na reunião. Além disso, o Product Owner deve avaliar se os resultados da Sprint atenderam às expectativas e objetivos estabelecidos para o Sprint, e se o produto está caminhando na direção certa para atender às necessidades do negócio e dos clientes.

Scrum Master: desempenha um papel importante como facilitador e incentivador para que a reunião ocorra de forma eficiente e eficaz. O Scrum Master pode ajudar a equipe a manter o foco na revisão dos resultados da Sprint, garantindo que a reunião não se torne uma sessão de resolução de problemas ou uma oportunidade para discussões técnicas profundas.

Além disso, o Scrum Master também pode ajudar a garantir que os stakeholders presentes na reunião entendam o propósito da Sprint, os resultados alcançados e os próximos passos para o produto. O Scrum Master pode encorajar a equipe a pedir feedback, ouvir com atenção e responder adequadamente às perguntas dos stakeholders.

O Scrum Master também pode avaliar a eficácia da Review Meeting e buscar maneiras de melhorá-la para as próximas Sprints. Em geral, o Scrum Master atua como um catalisador para garantir que a reunião de revisão seja um sucesso e que a equipe tenha um feedback valioso para melhorar o produto.

Figura 15 - Review Meeting

5.5 Retrospective Meeting

5.5.1 Importância da Retrospective Meeting

A reunião de retrospectiva, também conhecida como Retrospective Meeting, desempenha um papel importante na melhoria contínua do projeto e do time.

Durante a retrospectiva, a equipe tem a oportunidade de se reunir para discutir o que funcionou bem durante o sprint (período de trabalho) e o que poderia ter sido melhorado. Essa discussão pode abordar aspectos como comunicação, colaboração, ferramentas e processos utilizados, entre outros.

Ao analisar o que funcionou bem e o que não funcionou, a equipe pode identificar as áreas que precisam de melhorias e definir ações para implementá-las. Isso permite que a equipe aprenda com os erros e acertos do sprint anterior, para que possam fazer ajustes e melhorias contínuas no próximo sprint.

Além disso, a reunião de retrospectiva ajuda a aumentar a transparência e a confiança entre os membros da equipe, criando um ambiente mais colaborativo e produtivo.

Portanto, a reunião de retrospectiva é crucial para o sucesso do projeto Scrum, pois permite que a equipe aprenda, cresça e evolua constantemente, garantindo a entrega de valor ao cliente e a satisfação de todos os envolvidos no projeto.

5.5.2 Duração da Retrospective Meeting

De acordo com o Scrum Guide 2020, a reunião de retrospectiva deve ser realizada ao final de cada Sprint e ter um tempo máximo de 3 horas para Sprints mensais (4 semanas). Para Sprints menores, o tempo deve ser proporcionalmente reduzido.

5.5.3 Os Papéis durante a Retrospective Meeting

Developers: como membros da equipe Scrum, são peças fundamentais na reunião de retrospectiva e devem estar presentes para participar ativamente do processo.

Durante a retrospectiva, os Developers têm a oportunidade de compartilhar suas experiências, percepções e sugestões para melhorar o processo Scrum. Eles podem discutir o que funcionou bem, o que não funcionou, os desafios enfrentados e como superá-los. Além disso, podem fornecer feedback sobre as ferramentas e processos utilizados, a colaboração com os demais membros da equipe e as necessidades de treinamento ou desenvolvimento.

Ao participar ativamente da reunião de retrospectiva, os Developers podem contribuir para o aprimoramento contínuo do processo e do produto, garantindo a entrega de valor ao cliente e a satisfação de todos os envolvidos no projeto.

Portanto, é importante que os Developers estejam presentes e envolvidos na reunião de retrospectiva e que tenham a oportunidade de compartilhar suas perspectivas e contribuir para a melhoria do processo.

Product Owner: é um membro importante da equipe Scrum e pode ter um papel valioso na reunião de retrospectiva. Embora o Product Owner não esteja diretamente envolvido no desenvolvimento do produto, ele é responsável por priorizar o backlog do produto e garantir que o produto esteja alinhado com as necessidades e expectativas do cliente e do negócio.

Durante a reunião de retrospectiva, o Product Owner pode contribuir com sua perspectiva estratégica e de negócios para ajudar a equipe a identificar as áreas que precisam de melhorias e definir as ações apropriadas. Ele pode compartilhar feedback recebido do cliente ou informações relevantes sobre o mercado ou a concorrência.

Além disso, o Product Owner pode ajudar a equipe a priorizar as ações necessárias identificadas durante a retrospectiva, alinhando-as com as necessidades e prioridades do negócio e do cliente.

Como já mencionado ele pode contribuir de forma valiosa para a reunião de retrospectiva, mas é importante que sua participação seja equilibrada e focada na colaboração e na melhoria do processo.

Scrum Master: desempenha um papel importante na reunião de retrospectiva. Ele é o responsável por facilitar a reunião e garantir que ela seja realizada de forma eficaz, colaborativa e focada na melhoria contínua do processo.

Durante a reunião de retrospectiva, o Scrum Master pode ajudar a equipe a identificar os pontos fortes e fracos do processo, encorajando uma discussão aberta e honesta. Ele pode ajudar a equipe a identificar as áreas que precisam de melhorias e a definir ações concretas para implementar essas melhorias.

Além disso, o Scrum Master pode ajudar a equipe a manter o foco e a direção durante a reunião, garantindo que todas as vozes sejam ouvidas e que todas as ideias sejam consideradas. Ele também pode ajudar a equipe a priorizar as ações necessárias para melhorar o processo, levando em consideração as necessidades e prioridades do negócio e do cliente.

O Scrum Master também é responsável por garantir que a reunião de retrospectiva seja realizada dentro do tempo previsto e que todas as ações definidas sejam documentadas e acompanhadas em futuras reuniões.

O Scrum Master desempenha um papel crucial na reunião de retrospectiva, ajudando a equipe a identificar oportunidades de melhoria e implementar ações concretas para melhorar o processo Scrum.

Figura 16 - Retrospective Meeting

6 ARTEFATOS DO SCRUM

Embora existam muitas ferramentas, técnicas e artefatos não oficiais associados ao Scrum, é importante ressaltar que o framework possui somente três artefatos oficiais: o Product Backlog, o Sprint Backlog e o Increment.

Esses artefatos fornecem transparência e visibilidade para a equipe Scrum e para as partes interessadas externas. Eles são utilizados durante as cerimônias do Scrum para ajudar a equipe a focar no trabalho que precisa ser realizado e para garantir que o produto esteja em constante evolução e entrega de valor ao cliente.

6.1 Product Backlog

Product Backlog é uma lista dinâmica e ordenada de itens que descreve o que deve ser construído e entregue ao cliente. É também uma ferramenta importante de planejamento e gerenciamento de requisitos no Scrum, que ajuda a garantir que o produto esteja sempre alinhado às necessidades do cliente e do negócio. Deve ser obrigatoriamente a única origem para qualquer solicitação de mudança no produto ou sistema.

Aqui estão coisas primordiais a saber sobre o Product Backlog:

✓ **Único Responsável:** o Product Owner é único o responsável pelo Product Backlog. É ele quem cria, prioriza e mantém a lista de itens que descrevem o que deve ser construído e entregue no projeto. O Product Owner é o representante dos stakeholders e é responsável por garantir que o Product Backlog esteja alinhado às necessidades e objetivos do negócio e do cliente.

✓ **Priorização:** o Product Backlog é uma lista ordenada, onde os itens mais importantes e valiosos para o cliente são colocados no topo e os menos importantes no final. A priorização é feita pelo Product Owner, que leva em consideração as necessidades do negócio e do cliente.

✓ **Mudanças:** o Product Backlog é dinâmico e está em constante evolução. O Product Owner pode adicionar, remover ou mudar os itens do Product Backlog a qualquer momento, com base no feedback do cliente, nas mudanças de mercado e nas necessidades do negócio.

✓ **Detalhamento:** os itens do Product Backlog não precisam estar totalmente detalhados no início do projeto. O Product Owner deve garantir que os itens do topo da lista estejam detalhados o suficiente para serem desenvolvidos na próxima sprint, enquanto os itens abaixo podem ser menos detalhados, uma vez que serão refinados mais tarde.

✓ **Estimativas:** é importante que os Developers façam estimativas dos itens do Product Backlog para saber quanto tempo e esforço serão necessários para implementar cada item. As estimativas ajudam a equipe a definir a capacidade da sprint e a priorizar os itens da lista.

✓ **Transparência:** o Product Backlog é uma ferramenta de transparência e visibilidade para a equipe Scrum e para as partes interessadas externas. Ele fornece informações sobre o que a equipe está trabalhando e ajuda a garantir que o produto esteja sempre alinhado às necessidades do cliente e do negócio.

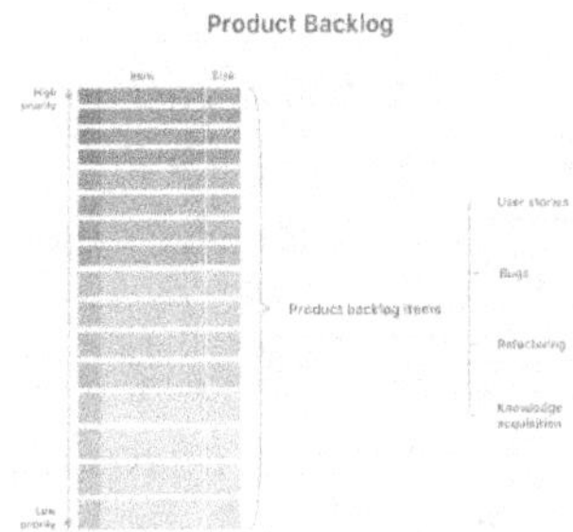

Figura 17 - Product Backlog

6.2 Sprint Backlog

O Sprint Backlog é a lista de tarefas selecionadas pelos Developers para serem trabalhadas na próxima Sprint. É um plano dinâmico que pode ser ajustado durante a Sprint, e é atualizado diariamente pelos Developers. Ele é essencial para ajudar o time a atingir o objetivo da Sprint de criar um incremento de produto funcional que atenda à definição de pronto acordada com o Product Owner.

✓ Os Developers são os responsáveis diretos pelo Sprint Backlog.

✓ O Sprint Backlog é criado durante a planning meeting, onde os Developers revisam o Product Backlog selecionam os itens que serão trabalhados na próxima Sprint de acordo com a priorização realizada pelo Product Owner.

✓ Os itens selecionados do Product Backlog são quebrados em tarefas menores e mais específicas, e essas tarefas são adicionadas ao Sprint Backlog.

✓ O Sprint Backlog é um plano dinâmico que pode ser ajustado pelos Developers durante a Sprint, à medida que novas informações surgem ou circunstâncias mudam.

✓ Durante a Sprint, os Developers se reúnem diariamente para a Daily Meeting, onde discutem o progresso e atualizam o status das tarefas do Sprint Backlog.

✓ No final da Sprint, os Developers devem ter criado um incremento de produto funcional que atenda à definição de pronto acordada com o Product Owner. O Sprint Backlog é essencial para ajudar o time de desenvolvimento a alcançar esse objetivo.

Podemos resumir dizendo que o Sprint Backlog é uma lista de tarefas específicas, selecionadas pelos Developers a partir dos itens mais prioritários do Product Backlog, com o objetivo de atingir a meta da Sprint e entregar um Incremento de produto ao final da Sprint.

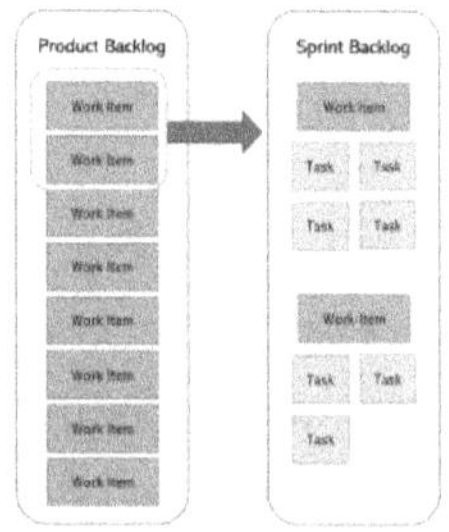

Figura 18 - Sprint Backlog

6.3 Increment

No Scrum, o termo "increment" é usado para descrever o resultado do trabalho realizado pelos Developers durante a Sprint. Esse incremento é uma adição tangível e impressionável ao produto que é entregue ao final de cada Sprint.

O incremento é a soma de todos os itens completos do Product Backlog que foram entregues durante a Sprint, e deve estar em um estado utilizável e potencialmente entregável. Em outras palavras, o incremento deve ser funcional, testado e integrado com o restante do produto.

O objetivo do incremento é fornecer ao Product Owner a oportunidade de avaliar o progresso do projeto e garantir que as funcionalidades desenvolvidas estão de acordo com as necessidades do negócio. Além disso, o incremento permite que os Developers trabalhem em pequenos lotes de funcionalidades, que podem ser entregues e avaliadas de forma mais rápida e eficiente.

A cada Sprint, os Developers devem criar um incremento adicionando novas funcionalidades ao produto, seguindo as prioridades definidas pelo Product Owner no Product Backlog. Ao longo do tempo, esses incrementos acumulam-se para formar o produto.

Em outras sucintas palavras, o incremento é o resultado do trabalho realizado pelos Developers durante a Sprint, e representa uma adição tangível e inspecionável ao produto. Ele deve ser funcional, testado e integrado com o restante do produto, e permite que o Product Owner avalie o progresso do projeto e garanta que as funcionalidades desenvolvidas estejam alinhadas com as necessidades do negócio.

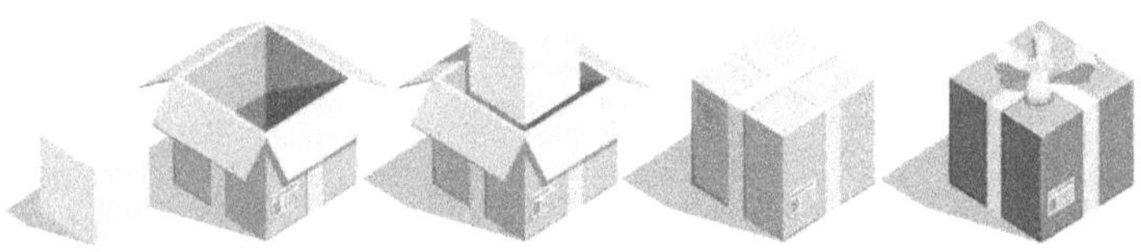

Figura 19 - Increment

7 Interessantes & Relevantes

Durante todo este capítulo, serão apresentados tópicos importantes, relevantes e amplamente utilizados no Scrum. Porém, nenhum é oficial no framework. No entanto, para não perder o foco inicial desta publicação, farei apenas uma breve ilustração destes itens.

7.1.1 Product Roadmap

Backlog do Produto

É uma representação visual e estratégica de alto nível que mostra a direção e os objetivos futuros do produto. Ele é utilizado para alinhar o entendimento do time Scrum, stakeholders e clientes em relação ao produto, definir prioridades e estimar o tempo necessário para o desenvolvimento das funcionalidades. Em resumo, o Roadmap do Produto é um guia que auxilia na tomada de decisões e na comunicação sobre as metas e planos do produto a ser desenvolvido.

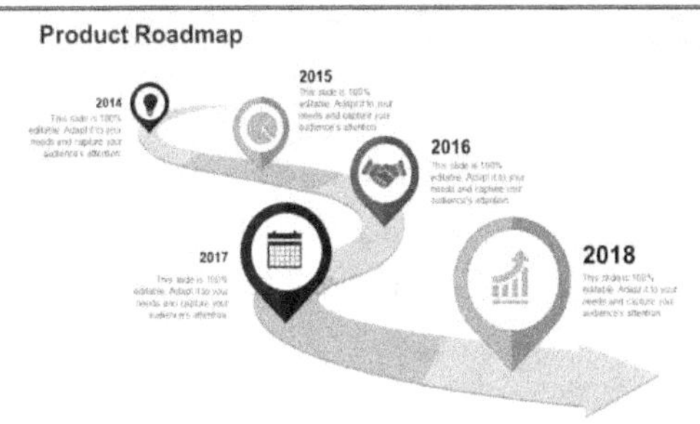

Figura 20 - Product Roadmap

7.1.2 Backlog Grooming

Refinamento do Backlog

Também conhecido como Refinement, é uma prática no Scrum (não oficial) onde a equipe de desenvolvimento revisa e atualiza o Product Backlog. Durante essa atividade, o time trabalha para garantir que os itens do Backlog estejam claros, refinados e prontos para serem trabalhados na próxima Sprint. Isso inclui adicionar detalhes aos itens, dividir histórias maiores em tarefas menores, identificar dependências e estabelecer critérios de aceitação. O objetivo do Backlog Grooming é ajudar a equipe a entender melhor o trabalho a ser realizado e a manter o Backlog organizado e atualizado. Geralmente, o Backlog Grooming é uma atividade recorrente que ocorre durante a Sprint atual para garantir que o próximo Sprint possa começar com clareza e sem interrupções.

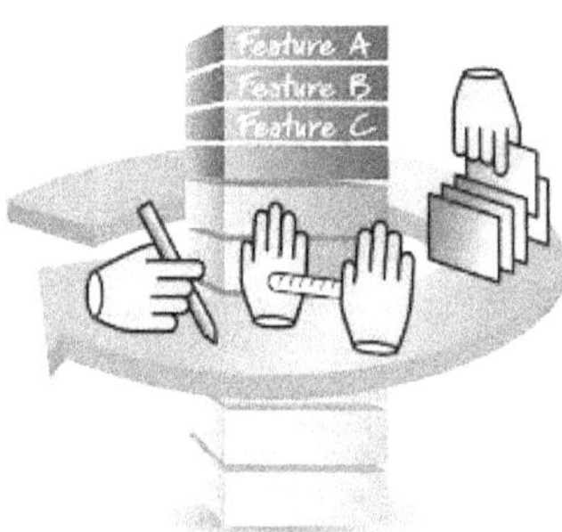

Figura 21- Backlog Grooming

7.1.3 Project Manager (Gerente de Projetos)

No Scrum, não há um papel definido para o Gerente de Projetos. As responsabilidades que geralmente são atribuídas a um Gerente de Projetos, como planejamento, gerenciamento de riscos e coordenação da equipe, são distribuídas entre os membros do Time Scrum. O Scrum Master é responsável por garantir que o processo Scrum seja seguido corretamente, enquanto o Product Owner é responsável por definir e priorizar o Product Backlog. Os Developers são auto-organizados e colaboram para garantir que o trabalho seja concluído dentro dos prazos definidos para a Sprint. O Scrum é projetado para promover a colaboração, a responsabilidade compartilhada e a tomada de decisões em equipe, em vez de depender de uma única pessoa para gerenciar o projeto.

Figura 22- Gerente de Projetos - Inexistente

7.1.4 Information Radiators

Radiadores de Informação, são meios visuais que mostram informações importantes sobre o projeto em andamento. No contexto do Scrum, esses radiadores são usados para apresentar informações atualizadas sobre o progresso do projeto, como o status das tarefas, as histórias de usuários concluídas, a quantidade de trabalho pendente e outras métricas relevantes. Os radiadores de informações geralmente são mantidos em locais acessíveis para que toda a equipe possa vê-los, como um quadro de kanban ou um gráfico de burndown. Eles permitem que a equipe monitore o progresso do projeto de forma visual e fácil de entender, promovendo a transparência e a colaboração entre os membros da equipe.

7.1.4.1 Burndown & Burnup

Burndown

O Gráfico de Burndown é uma ferramenta visual que mostra o progresso da equipe de desenvolvimento em relação às metas da Sprint no Scrum. Ele exibe o trabalho restante no eixo vertical e o tempo decorrido no eixo horizontal. Durante a Sprint, a equipe atualiza o gráfico diariamente com o trabalho concluído até o momento, permitindo que a equipe avalie rapidamente se está progredindo em um ritmo adequado para alcançar os objetivos da Sprint. Idealmente, o gráfico de burndown deve mostrar uma linha decrescente, que representa a conclusão do trabalho planejado até o final da Sprint. O gráfico de burndown é uma ferramenta útil para o Scrum Master e o Product Owner, pois ajuda a identificar se o projeto está em risco de não cumprir os prazos ou se a equipe está avançando mais rápido do que o esperado.

Burnup

O Gráfico de Burnup é uma ferramenta visual que mostra o progresso do trabalho planejado e concluído durante uma Sprint no Scrum. Ele exibe a quantidade total de trabalho planejado no eixo vertical e o tempo decorrido no eixo horizontal. Durante a Sprint, a equipe atualiza o gráfico diariamente com o trabalho concluído até o momento, permitindo que a equipe avalie rapidamente se está progredindo em um ritmo adequado para alcançar os objetivos da Sprint.

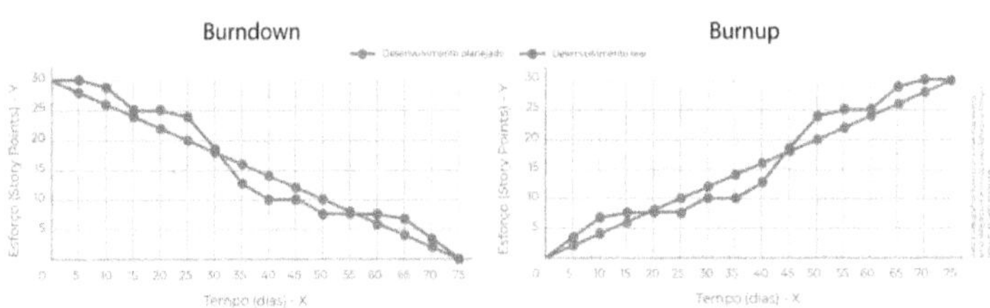

Figura 23- Comparação Visual Burndown e Burnup

7.1.4.2 Kanban Board

Quadro de Kanban

Um Kanban Board é uma ferramenta visual que ajuda a equipe a gerenciar e acompanhar o fluxo de trabalho em um projeto ou processo. É composto por colunas que representam as etapas do processo e cartões que representam as tarefas ou itens a serem trabalhados. Cada cartão tem informações como o título da tarefa, a descrição e o responsável pela tarefa. O Kanban Board permite que a equipe visualize o status atual de todas as tarefas e saiba exatamente o que precisa ser feito a seguir. Além disso, ele ajuda a equipe a identificar gargalos no processo e a priorizar as tarefas que precisam ser concluídas em primeiro lugar. O Kanban Board é uma ferramenta popular no gerenciamento ágil de projetos e pode ser usado em conjunto com o Scrum para ajudar a equipe a gerenciar o fluxo de trabalho durante a Sprint.

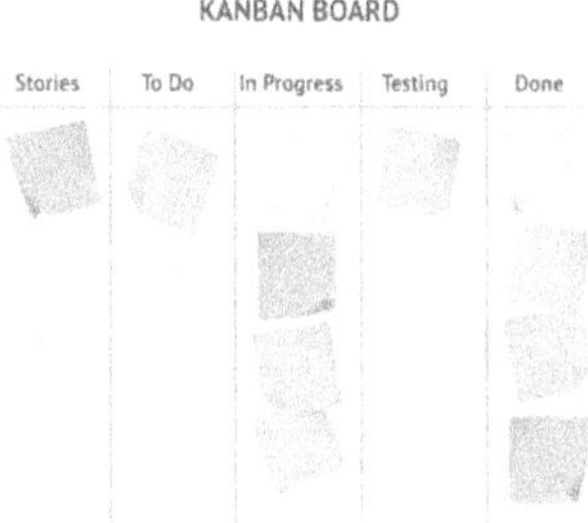

Figura 24 - Kanban Board

7.1.5 Tipos de Itens de um Product Backlog

Um backlog de produto pode conter diversos tipos de itens, dentre os quais destacam-se:

- ✓ Temas (Themes)
- ✓ Funcionalidades (Features)
- ✓ Recursos (Resources)

✓ Épicos (Epics)
✓ Histórias de Usuários (User Stories)
✓ Tarefas (Tasks) - somente no backlog da sprint
✓ Spikes
✓ Débitos técnicos ou Bugs (Technical Debt)

Esses itens representam as necessidades e requisitos do produto e são organizados em ordem de prioridade pelo Product Owner. Cada item deve ser descrito de forma clara e objetiva, com informações suficientes para que a equipe possa trabalhar nele. O backlog de produto é dinâmico e evolui ao longo do tempo à medida que o conhecimento do produto aumenta e as necessidades do usuário são mais bem compreendidas. Através do backlog de produto, a equipe pode planejar e priorizar seu trabalho, garantindo que as funcionalidades mais importantes sejam entregues primeiro.

7.1.5.1 User Stories

História de Usuário

É uma técnica de definição de requisitos utilizada no desenvolvimento ágil de software. Ela consiste em uma descrição curta e simples de uma funcionalidade ou requisito do produto, escrita na perspectiva do usuário ou cliente final.

A User Story geralmente segue um formato simples, como

"Como [usuário], eu quero [funcionalidade] para [objetivo]".

Essa técnica é usada para manter o foco nas necessidades do usuário e na entrega de valor ao cliente, em vez de apenas nas funcionalidades técnicas do produto. As User Stories são geralmente escritas em cartões ou notas adesivas e são priorizadas pelo Product Owner de acordo com o valor que elas entregam ao usuário e ao negócio. Elas são usadas pela equipe de desenvolvimento durante o Sprint para planejar, estimar e executar o trabalho necessário para implementar as funcionalidades descritas.

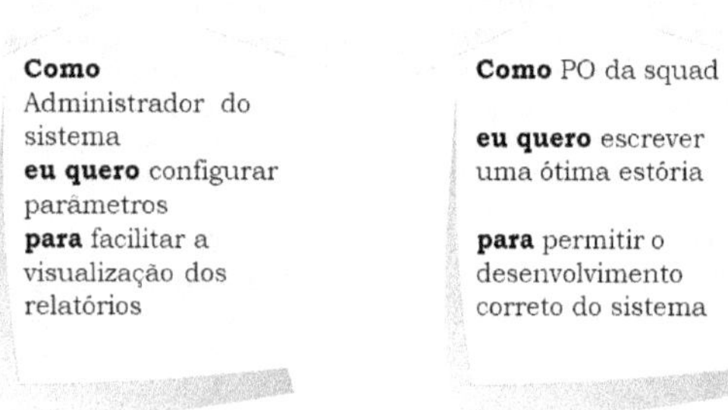

Figura 25 - User History

7.1.5.2 Spikes

Spikes são atividades exploratórias de curta duração realizadas pela equipe de desenvolvimento para investigar ou aprender algo novo que é necessário para implementar uma funcionalidade específica ou resolver um problema técnico. O objetivo dos Spikes é reduzir a incerteza ou o risco associado a uma tarefa e obter informações valiosas que ajudarão a equipe a tomar decisões informadas e a trabalhar com mais eficiência.

Por exemplo, a equipe pode realizar um Spike para aprender uma nova tecnologia ou plataforma que precisa ser usada para implementar uma funcionalidade.

Os Spikes são uma prática comum no desenvolvimento ágil de software e são usados para garantir que a equipe possua o conhecimento e as habilidades necessárias para concluir uma tarefa com sucesso.

7.1.6 Story Points

Story Points são uma unidade de medida utilizada pela equipe de desenvolvimento ágil para estimar a complexidade e o esforço necessário para concluir uma User Story ou outra atividade de desenvolvimento.

Essa medida é uma forma de expressar a quantidade de trabalho necessário para concluir uma determinada tarefa, levando em consideração diversos fatores, como o grau de dificuldade técnica, a incerteza, o risco e a complexidade da tarefa.

A estimativa em Story Points é uma técnica que ajuda a equipe a planejar o trabalho necessário para concluir uma Sprint e a tomar decisões informadas sobre a quantidade de trabalho que pode ser realizada durante um período específico.

Geralmente, a estimativa em Story Points é feita em uma escala relativa, ou seja, não é baseada em uma unidade de tempo ou esforço definida, mas sim em comparação com outras tarefas já realizadas pela equipe. Muito comum usar a sequência de Fibonacci para tais comparações.

7.1.7 Ferramentas de Priorização e Estimativas

No Scrum, existem várias ferramentas que auxiliam na priorização das histórias do usuário e funcionalidades do sistema, bem como na estimativa do esforço necessário para concluir essas tarefas. Essas ferramentas ajudam a equipe a planejar e priorizar o trabalho de forma eficiente e eficaz, garantindo que as entregas sejam realizadas dentro do prazo e orçamento estabelecidos.

Algumas das principais ferramentas de priorização incluem a técnica MoSCoW, a Matriz de Esforço x Impacto, a Análise de Valor de Negócio e a Priorização Colaborativa. Cada uma dessas técnicas tem suas próprias vantagens e desvantagens, e a escolha da técnica mais apropriada dependerá das necessidades e objetivos específicos do projeto em questão.

Por sua vez, as principais ferramentas de estimativa no Scrum incluem a Planning Poker, Estimativas Comparativas, Estimativas Baseadas em Velocidade e Estimativas Triangulares. Essas ferramentas ajudam a equipe a avaliar o esforço necessário para concluir as tarefas e a estabelecer uma visão geral do escopo do projeto, o que é essencial para o sucesso do projeto.

Cada equipe Scrum pode adaptar e personalizar essas ferramentas de acordo com as suas necessidades e objetivos específicos. O importante é que as ferramentas de priorização e de estimativas sejam utilizadas de forma consistente e eficaz pela equipe, garantindo assim que o projeto seja entregue com sucesso.

7.1.8 Capacity e Velocity

Capacidade e Velocidade

Capacity no Scrum é a quantidade de trabalho que a equipe é capaz de concluir em uma sprint, levando em consideração os recursos disponíveis, a habilidade e a capacidade da equipe de desenvolvimento. A capacidade é uma medida importante para garantir que a equipe possa entregar o trabalho planejado dentro do prazo da sprint.

Velocity é a medida da quantidade de trabalho que a equipe é capaz de concluir em uma sprint com base em sprints anteriores. A velocidade é calculada dividindo a quantidade de pontos de história (Story Points) concluídos pela equipe em uma sprint pelo número de sprints trabalhadas. A velocidade ajuda a equipe a estimar o tempo e esforço necessários para concluir as histórias do usuário e outras tarefas em sprints futuras.

O AUTOR

Com mais de 20 anos de experiência em desenvolvimento e projetos, tive a oportunidade de atuar em diversos níveis hierárquicos, o que me proporcionou uma visão ampla e estratégica sobre as organizações.

Atualmente, minha paixão é liderar e conduzir projetos com excelência. Desde 2006, trabalho em home-office, buscando sempre resultados e me comprometendo com o sucesso de outras pessoas.

Por meio da Duetto Projetos e Sistemas, já liderei inúmeros projetos no Brasil e em Moçambique, em parcerias de mais de uma década, sempre com a missão de ter "Uma Proposta Diferente: Pessoas comprometidas com o Sucesso de outras Pessoas".

Além disso, sou viciado em conhecimento e em fazer cursos diversos. Tenho publicações independentes, como e-books e livros físicos, e crio conteúdos e cursos em diversas plataformas, com o objetivo de disseminar conhecimento e ajudar outras pessoas a alcançarem seus objetivos.

Como estudioso e generalista, sou formado em análise de sistemas, possuo MBA em Gestão Estratégica de Programas e Projetos pela UFRJ, tenho diversas certificações internacionais e já fiz dezenas de cursos livres, sempre em busca de mais conhecimento. Atualmente, estou cursando a pós-graduação em Gestão de Pessoas e Negócios pela ESIC – Business Marketing School – Madrid e Conquer.

Tenho como hobby estudar todo e qualquer assunto que me interesse, pois, como disse Albert Einstein, "as pessoas podem tirar tudo de você, menos o seu conhecimento".

Agora que me apresentei, gostaria de saber mais sobre você. Vamos conversar? Você pode entrar em contato comigo pelos canais abaixo e, juntos e comprometidos, podemos alavancar o nosso sucesso e o de outras pessoas. Obrigado pela visita!"

CONTATOS COM O AUTOR

Sites	www.caiocesarferreira.com.br
	www.duettoprojetos.com.br
Emails	caiocesar@duettoprojetos.com.br
	caiocesarferreira@gmail.com
Telefone	+55 21 99919-5392
Skype	caiocesarferreira
Facebook	http://www.facebook.com/caiocesarmf
Twitter	https://twitter.com/caio_c_ferreira
Linkedin	http://www.linkedin.com/in/caiocesarferreira/
Instagram	https://www.instagram.com/caiocesarferreira.rj/

OUTRAS OBRAS

Apoio a todos os aspirantes a Scrum Master, que pretendem se submeter ao exame PSM I – Professional Scrum Master da Scrum.Org. Fornecendo informações essenciais para a aprovação no exame certificador da Scrum.Org, e o conhecimento teórico para o leitor atuar como Scrum Master.

O estudo de caso apresentado neste livro tem por objetivo principal conceituar e demonstrar, através de um exemplo prático, uma proposta de implantação da cultura de uma gestão sustentável em TI em uma instituição fictícia e privada – a denominada popularmente, Gestão de TI Verde.

E-books – Exclusividade   **A5 – Publicação Principal**

Disponíveis em:

REFERÊNCIAS BIBLIOGRÁFICAS

A Arte de Fazer Acontecer
David Allen

A Arte de Fazer o Dobro na Metade do Tempo
Jeff Sutherland

Scrum – Certificação PSM I
Caio Cesar Ferreira

Tire seu Projeto do Papel com Scrum
Alexandre Magno

Artia	https://artia.com
Atlassian	https://www.atlassian.com/
Bocasay	https://www.bocasay.com
ConceptBoard	https://conceptboard.com
Creative Commons	http://creativecommons.org
DesenvolvimentoAgil	https://www.desenvolvimentoagil.com.br
DesignVeloper	https://www.designveloper.com
Developers OnRent	https://www.developeronrent.com
DXKB	https://developerexperience.io
Fabio Cruz	http://www.fabiocruz.com.br
FlowUp	https://www.flowup.me/
GP4US	https://www.gp4us.com.br
Heflo	https://www.heflo.com
Hygger	https://hygger.io
Ilustra Dev	https://ilustradev.com.br
IStock	https://www.istockphoto.com/
Iteris	https://blog.iteris.com.br
Knowledge21	http://www.knowledge21.com.br
Luiz Tools	https://www.luiztools.com.br
Método Ágil	http://www.metodoagil.com
Mind Master	http://www.mindmaster.com.br
Mind Sourve	http://www.mindsource.pt
My Scrum Half	https://blog.myscrumhalf.com

Odonodoproduto	https://odonodoproduto.com
PM Power Consulting	https://pm-powerconsulting.com
PNGKIT	https://www.pngkit.com
Profissionais TI (PTI)	https://www.profissionaisti.com.br
Programaria	https://www.programaria.org
Robson Camargo	https://robsoncamargo.com.br
Robson Camargo	https://robsoncamargo.com.br
SambaTech	https://sambatech.com
Scrum Beginner	https://www.scrumbeginner.com
Scrum Study	https://www.scrumstudy.com/
Scrum.as	https://www.scrum.as/index.php
Scrum.org	http://www.scrum.org
Site Campus	https://sitecampus.com.br
Slide Team	https://www.slideteam.net
SDKC	https://solution-delivery.org
Sunsetti	https://sunsetti.com.br
Universo Projeto	https://universoprojeto.wordpress.com
Usemobile	https://usemobile.com.br
Vanderlan Filho	https://vanderlan-alves-filho.medium.com
VMEdu	https://www.vmedu.com/
Voitto	https://www.voitto.com.br
Voluntariado	https://voluntariado.com.br
Wkipedia	http://wikipedia.com

APÊNDICE A - GLOSSÁRIO

Breve glossário dos principais termos utilizados no Scrum.

Termo em inglês	Significado
Daily Meeting	Reunião Diária
Developers	Desenvolvedores
Grooming Meeting	Reunião de Refinamento
Increment	Incremento
Planning Meeting	Reunião de Planejamento
Product Backlog	Backlog do Produto
Product Backlog Refinement	Refinamento do Backlog do Produto
Product Owner	Dono do Produto
Retrospective Meeting	Reunião de Retrospectiva
Review Meeting	Reunião de Revisão
Scrum Guide	Guia Scrum
Scrum Master	Mestre Scrum
Scrum Team	Time Scrum
Sprint Backlog	Backlog da Sprint
Stakeholders	Partes Interessadas
Task Board	Quadro de Tarefas
Time-Boxed	Caixa de Tempo
Working In Progress	Trabalho em Andamento

APÊNDICE B – CERTIFICAÇÕES SCRUM

Existem diversas certificações e certificadoras disponíveis no mercado para Scrum. No entanto, a escolha da certificação mais adequada dependerá da experiência profissional do indivíduo em frameworks ágeis, de suas perspectivas profissionais e até mesmo financeiras, e de suas metas pessoais de carreira. É importante avaliar cuidadosamente as opções disponíveis e escolher a certificação que melhor se adequa às suas necessidades e objetivos, sabendo que essa escolha pode mudar à medida que a carreira evolui. Abaixo seguem alguns exemplos de certificações:
(Salientando que este livro não é um preparatório para nenhuma das certificações mencionadas.)

Professional Scrum Master I (PSM I): oferecida pela Scrum.org, é considerada a principal certificação para Scrum Master. Ela testa o conhecimento do candidato sobre a teoria, prática e valores do Scrum e exige uma pontuação de 85% para ser aprovado. Nos próximos apêndices falaremos de algumas particularidades desta certificação, e apresentarei apenas em nível de curiosidade um mini simulado com 10 questões passíveis de serem cobradas no exame.

Figura 26 - Insígnia PSM I

Certified Scrum Master (CSM): oferecida pela Scrum Alliance, é uma certificação muito popular e conceituada para Scrum Masters. Para obter essa certificação, é necessário participar de um treinamento presencial ministrado por um Certified Scrum Trainer (CST).

Figura 27 - Insígnia CSM

Agile Certified Practitioner (ACP): oferecida pelo Project Management Institute (PMI), é uma certificação que aborda vários métodos ágeis, incluindo Scrum. Para se tornar um Scrum Master certificado, é necessário ter experiência em gerenciamento de projetos ágeis e passar em um exame.

SAFe 5.0 Scrum Master (SSM): oferecida pela Scaled Agile, é uma certificação voltada para Scrum Masters que trabalham ou desejam trabalhar em empresas que adotam a metodologia SAFe (Scaled Agile Framework). A certificação aborda as responsabilidades e habilidades necessárias para liderar equipes ágeis e aplicar o Scrum dentro do contexto do SAFe. Para obter essa certificação, é necessário participar de um treinamento SSM e passar em um exame.

Agile Scrum Master (ASM): oferecida pela EXIN, é uma certificação que testa o conhecimento do candidato sobre o Scrum e sua aplicação em projetos ágeis. Ela cobre a teoria, prática e valores do Scrum, bem como técnicas ágeis de planejamento, monitoramento e controle.

Scrum Fundamentals Certified (SFC): oferecida pela Scrum Study, é uma certificação gratuita que testa o conhecimento básico do Scrum. Embora seja menos conhecida que as outras certificações, ainda pode ser uma boa maneira de obter uma certificação e demonstrar o conhecimento do Scrum para empregadores em potencial. Acredito que com os conhecimentos adquiridos neste livro e uma leitura atenciosa no SBOK oferecido gratuitamente pela Scrum Study, o leitor consiga adquirir esta certificação.

Figura 28 - Insígnia SFC

APÊNDICE C – CERTIFICAÇÃO PSM I

Informações sobre a Prova:
- ✓ US$ 150,00;
- ✓ 80 perguntas;
- ✓ Nota de corte: 85% ou 68 perguntas certas;
- ✓ 60 minutos de duração;
- ✓ Formato: múltipla escolha;
- ✓ Nível de dificuldade: Alta;
- ✓ Inglês (permitido usar o plugin Google Tradutor no Chrome).

Foco:
- ✓ Entender claramente as regras do Scrum;
- ✓ Começar a utilizar o Scrum efetivamente;
- ✓ Atuar como Scrum Masters em um time Scrum.

Principais Tópicos:
- ✓ Teoria e princípios do Scrum;
- ✓ O Scrum Framework;
- ✓ A Definição de Pronto;
- ✓ Trabalhando com pessoas e com times;

Mini Roteiro de Estudos:
- ✓ Ler o Scrum Guide diversas vezes;
- ✓ Ler o Nexus Guide;
- ✓ Ler **"Scrum – Certificação PSM I"** – Caio Cesar Ferreira
- ✓ Realizar todos os simulados disponíveis na Scrum.Org
- ✓ Realizar Simulados **"PSM I™ - Scrum - Agile - Simulados Comentados - 480 Questões"** – Udemy – Caio Cesar Ferreira
- ✓ Agendar a Prova.

APÊNDICE D – MINI SIMULADO PSM I

De forma ilustrativa este apêndice apresentará um pequeno simulado com 10 questões, traduzidas de um exame PSM I.

Este material faz parte do conteúdo disponibilizado na plataforma Udemy no formato de simulados, e na Hotmart no formato de simulados em PDF.

1. **Antes do fim do planejamento da Sprint os Desenvolvedores percebem que planejaram mais trabalho do que deveria para a próxima Sprint. O trabalho planejado é superior a capacidade projetada. O que os Desenvolvedores devem fazer?**

- Fazer hora-extra para completar o trabalho que se comprometeu a fazer na Sprint.
- Refazer o planejamento da Sprint de forma a ter uma estimativa para acertada.
- **Trabalhar com o Dono do Produto para remover ou modificar os itens do backlog selecionados ou continuar o trabalho deixando o Dono do Produto ciente da situação.**
- Delegar algum trabalho para outro Time Scrum que tem sua capacidade subutilizada

O backlog da Sprint é o plano previsto para a próxima Sprint. É um artefato vivo que se adapta durante a execução. Nem sempre é possível ter o plano perfeito pois o time aprende e descobre durante a Sprint e novas informações emergem. Espera-se que o time adapte o plano caso este se desvie da meta da Sprint.

2. Como os Stakeholders poderiam avaliar se um dado item do Backlog está finalizado?

- **Comparando o que foi feito com o que está escrito na definição de pronto criada pelos Desenvolvedores.**
- Perguntando o progresso aos Desenvolvedores.
- Perguntando ao Dono do Produto.
- Perguntando ao Scrum Master.

Definição de pronto é criada pelos Desenvolvedores e ela serve para dizer se uma dada entrega atende aos critérios definidos pelo time. Caso a empresa já possua a sua própria definição de pronto, ela poderá ser usada se fizer sentido no projeto.

3. Para uma Sprint de 2 semanas, qual a duração da Revisão da Sprint (Sprint Review)?

- 1 hora.
- **2 horas.**
- 3 horas.
- 4 Horas.

De acordo com o Scrum Guide 2020, a duração da Revisão da Sprint (Sprint Review) deve ser de no máximo quatro horas para uma Sprint de quatro semanas. Para Sprints mais curtas, como uma Sprint de 2 semanas, a revisão deve ser proporcionalmente menor. Portanto, uma revisão de Sprint de 2 semanas deve durar no máximo 2 horas. No entanto, é importante lembrar que o tempo exato da revisão pode variar de acordo com as necessidades

e complexidade do projeto e da equipe. O importante é garantir que o tempo seja suficiente para a equipe revisar o trabalho concluído e receber feedback do Product Owner e de outros stakeholders relevantes.

4. O que é exibido no Gráfico Burndown da Sprint?

* Quantidade de tarefas concluídas.
* **Quantidade de trabalho restante.**
* Quantidade de trabalho executado por cada membro do time.
* Custo restante do projeto.

O Gráfico Burndown da Sprint é uma ferramenta visual usada no Scrum para rastrear o progresso da equipe durante a Sprint. Ele exibe a quantidade de trabalho restante e ajuda a equipe a identificar se estão no caminho certo para concluir todas as tarefas dentro do prazo.

5. Quando o Dono do Produto deve tomar a decisão de liberar o software produzido para produção, ou seja, para o usuário?

* Ao final do projeto.
* Ao final de uma Sprint.
* Quando ele atender a definição de pronto.
* **Quando fizer sentido.**

Ao final de cada Sprint é liberado um incremento de software potencialmente utilizável, não quer dizer que este será imediatamente colocado em produção. Esta decisão é do Dono do Produto e ele vai levar em conta o plano de liberação ou plano de Releases e avaliar quando faz sentido liberar uma aplicação para uso em produção.

6. **O que é discutido durante a Reunião de Revisão da Sprint (Sprint Review)?**

- Melhorias no processo de trabalho.
- Boas práticas de desenvolvimento.
- **O resultado da Sprint.**
- Todas as alternativas.

A Reunião de Revisão da Sprint (Sprint Review) é uma cerimônia do Scrum que ocorre ao final de cada Sprint, na qual a equipe apresenta o trabalho concluído durante a Sprint e recebe feedback do Product Owner e de outros stakeholders. Resumidamente, os seguintes itens são discutidos durante a Reunião de Revisão da Sprint:

- **Apresentação do trabalho concluído: a equipe apresenta o trabalho concluído durante a Sprint, mostrando as funcionalidades implementadas e como elas atendem aos requisitos definidos no backlog do produto.**
- **Feedback do Product Owner e stakeholders: o Product Owner e outros stakeholders presentes na reunião fornecem feedback sobre o trabalho apresentado e podem fazer sugestões para melhorias ou ajustes.**

- **Revisão do backlog do produto: a equipe e o Product Owner revisam o backlog do produto para garantir que esteja atualizado e priorizado corretamente.**
- **Planejamento para a próxima Sprint: a equipe e o Product Owner discutem os próximos passos e planejam a próxima Sprint com base no feedback recebido durante a Reunião de Revisão da Sprint.**
- **O objetivo da Reunião de Revisão da Sprint é garantir que a equipe e os stakeholders estejam alinhados em relação ao progresso do projeto e às próximas etapas a serem tomadas.**

7. Qual o tempo máximo que uma Reunião Diária pode levar?

- 1 hora.
- 20 minutos.
- **15 minutos.**
- Depende do tamanho da Sprint.

A Reunião Diária (Daily Scrum) é uma das cerimônias do Scrum que ocorre diariamente durante a Sprint, na qual a equipe se reúne para sincronizar as atividades e planejar o trabalho para o próximo dia. De acordo com o Scrum Guide 2020, a Reunião Diária deve ser realizada em um horário e local definido pela equipe e deve durar no máximo 15 minutos.

8. O que o Time Scrum deve discutir na Reunião de Retrospectiva da Sprint?

- Métodos de trabalho.
- Melhores Práticas.
- Lições aprendidas.
- Habilidades necessárias para as próximas Sprints.
- **Todas as alternativas apresentadas na questão.**

A Reunião de Retrospectiva da Sprint é uma cerimônia do Scrum que ocorre ao final de cada Sprint, na qual a equipe revisa o processo de trabalho da Sprint anterior e discute formas de melhorar e ajustar para as próximas Sprints. Resumidamente, os seguintes itens são discutidos durante a Reunião de Retrospectiva da Sprint:

- **O que foi bem na última Sprint: a equipe discute o que funcionou bem durante a última Sprint e o que pode ser replicado ou mantido nas próximas Sprints.**
- **O que não foi bem na última Sprint: a equipe identifica os pontos que não funcionaram bem durante a última Sprint e discute formas de melhorar ou evitar esses problemas no futuro.**
- **Ações de melhoria: a equipe estabelece ações concretas para melhorar o processo de trabalho da equipe para as próximas Sprints.**
- **Ações de continuidade: a equipe estabelece ações para manter o que foi bem-sucedido na última Sprint.**
- **O objetivo da Reunião de Retrospectiva da Sprint é promover a melhoria contínua do processo de trabalho da equipe, com base no feedback e experiências da Sprint anterior. A equipe**

deve ser capaz de identificar oportunidades de melhoria e implementar ações concretas para garantir que essas melhorias sejam efetivas nas próximas Sprints.

9. O que acontece quando uma Sprint é cancelada?

- Os itens finalizados são avaliados para possível uso e os incompletos são descartados.
- **Os itens prontos são avaliados se poderiam ser lançados e os que não foram finalizados retornam para o Backlog do Produto.**
- Os Desenvolvedores são liberados para outros projetos.
- Todo o Backlog da Sprint volta para o Backlog do Produto.

Quando uma Sprint é cancelada, significa que a equipe de desenvolvimento e o Product Owner decidiram que não é mais viável ou desejável continuar com a Sprint atual. O cancelamento pode ser realizado a qualquer momento durante a Sprint, porém, é uma decisão que deve ser tomada de forma colaborativa e baseada em uma avaliação objetiva da situação.

De acordo com o Scrum Guide 2020, quando uma Sprint é cancelada, a equipe deve imediatamente interromper o trabalho na Sprint e realizar as seguintes ações:

- **Revisar o trabalho concluído: a equipe deve revisar o trabalho concluído até o momento do cancelamento e avaliar o que pode ser entregue ao usuário ou cliente.**
- **Replanejar: a equipe deve se reunir com o Product Owner para replanejar a próxima Sprint, a fim de garantir que o**

trabalho inacabado da Sprint cancelada seja tratado de forma adequada.

- **Realizar a retrospectiva da Sprint cancelada: a equipe deve realizar uma reunião de retrospectiva para analisar o que funcionou e o que não funcionou durante a Sprint cancelada, bem como identificar oportunidades de melhoria para as próximas Sprints.**

- **O cancelamento de uma Sprint não deve ser visto como um fracasso, mas sim como uma oportunidade para a equipe e o Product Owner avaliarem as condições do projeto e reajustarem o planejamento de acordo com as necessidades atuais. O objetivo principal do Scrum é a entrega contínua de valor para o usuário ou cliente, e às vezes, cancelar uma Sprint pode ser a decisão mais adequada para garantir esse objetivo.**

10. Quem tem o poder de cancelar uma Sprint?

- **O Dono do Produto.**
- O Cliente.
- O Patrocinador.
- O Scrum Master

De acordo com o Scrum Guide 2020, apenas o Product Owner tem o poder de cancelar uma Sprint, pois ele é responsável por maximizar o valor do produto e tomar decisões que possam afetar a priorização do trabalho da equipe de desenvolvimento.

No entanto, o cancelamento de uma Sprint não deve ser uma decisão unilateral do Product Owner. A decisão deve ser tomada em colaboração com a equipe de desenvolvimento, levando em

consideração fatores como a viabilidade e a adequação do trabalho atual em relação às metas e objetivos do projeto.

Se a equipe de desenvolvimento considerar que a Sprint atual é viável e que a conclusão do trabalho pode gerar valor para o usuário ou cliente, ela pode apresentar argumentos para manter a Sprint em andamento. No entanto, se o Product Owner acreditar que as condições do projeto mudaram significativamente ou que o trabalho não está mais alinhado com as metas do projeto, ele pode decidir cancelar a Sprint.

Figura 29 - Certificado PSM I

APÊNDICE E – LINKS IMPORTANTES

- ✓ **Manifesto Ágil**
  https://agilemanifesto.org/iso/ptbr/manifesto.html

- ✓ **Scrum Guide 2020**
  https://scrumguides.org/

- ✓ **Scrum.Org**
  https://www.scrum.org/

- ✓ **Scrum.Org**
  https://www.scrum.org/

- ✓ **Scrum.Org – Certificação PSM I**
  https://www.scrum.org/assessments/professional-scrum-master-i-certification

- ✓ **Caio Cesar Ferreira**
  https://caiocesarferreira.com.br

- ✓ **Scrum – Certificação PSM I - Ebook**
  https://www.amazon.com.br/Scrum-Certificao-Caio-Cesar-Ferreira-ebook/dp/B08R5LQDYZ

- ✓ **Scrum – Certificação PSM I - Impresso**
  https://clubedeautores.com.br/livro/scrum-certificacao-psm-i

- ✓ **Scrum – Certificação PSM I – Simulados**
  https://www.udemy.com/course/simulados-psmi/?referralCode=A8403E35098D4901CC54

APÊNDICE F – ÍNDICE DE ILUSTRAÇÕES